enquanto temos tempo

Solicite nosso catálogo completo, com mais de 300 títulos, onde você encontra as melhores opções do bom livro espírita: literatura infantojuvenil, contos, obras biográficas e de autoajuda, mensagens espirituais, romances palpitantes, estudos doutrinários, obras básicas de Allan Kardec, e mais os esclarecedores cursos e estudos para aplicação no centro espírita – iniciação, mediunidade, reuniões mediúnicas, oratória, desobsessão, fluidos e passes.

E caso não encontre os nossos livros na livraria de sua preferência, solicite o endereço de nosso distribuidor mais próximo de você.

Edição e distribuição

EDITORA EME
Caixa Postal 1820 – CEP 13360-000 – Capivari – SP
Telefones: (19) 3491-7000/3491-5449
vendas@editoraeme.com.br – www.editoraeme.com.br

Ricardo Orestes Forni

enquanto temos tempo

Capivari-SP
— 2012 —

© 2011 Ricardo Orestes Forni

Os direitos autorais desta obra foram cedidos pelo autor para a Editora EME, o que propicia a venda dos livros com preços mais acessíveis e a manutenção de campanhas com preços especiais a Clubes do Livro de todo o Brasil.

A Editora EME mantém, ainda, o Centro Espírita "Mensagem de Esperança", colabora na manutenção da Comunidade Psicossomática Nova Consciência (clínica masculina para tratamento da dependência química), e patrocina, junto com outras empresas, a Central de Educação e Atendimento da Criança (Casa da Criança), em Capivari-SP.

3ª reimpressão – fevereiro/2012 – Do 4.001 ao 6.000 exemplares

CAPA | André Stenico
DIAGRAMAÇÃO | Thiago Retek Perestrelo
REVISÃO | Editora EME

Ficha catalográfica elaborada na editora

Forni, Ricardo Orestes, 1947 -
    Enquanto temos tempo / Ricardo Orestes Forni -
3ª reimpressão fev. 2012 - Capivari, SP : Editora EME.
    176 p.

    1ª edição : mai. 2011
    ISBN 978-85-7353-461-0

1. Espiritismo. 2. Bíblia. 3. Planeta Terra. 4. Humanidade.
5. Exilados. 6. Regeneração/transformação. I. Título.

CDD 133.9

Sumário

Enquanto temos tempo 7

Ela conheceu Jesus 11

A boneca de crochê 15

O colar de turquesas 27

A mala velha 35

A parte mais importante do corpo 39

O barro da roupa 43

O terreno baldio 51

O cartão de crédito 55

O bambu e o serviço 61

Para o céu ou para o inferno? 67

A casa em reforma 75

O bambu mossó 81

A antena 85

Você gosta da tentação? 89

Os frutos 95

O navio 101

Profissões 105

A senhora idosa 109

A favela 113

A equação 119

Do alto e de baixo 123

O foguete 127

A lição de Marcela 131

Estupro x aborto 139

Escolhas 147

Kardec e Chico Xavier ou Kardec é Chico Xavier? 153

A reencarnação de Emmanuel 159

A empregada 163

Os inimigos 169

01

Enquanto temos tempo

*Estejamos convencidos de que muitas vezes na vida,
um minuto é a oportunidade para a melhor decisão.*
– Emmanuel (Chico Xavier).

O APÓSTOLO PAULO, em Gálatas, 6:10, faz o seguinte comentário: "... Enquanto temos tempo, façamos bem a todos..."

Emmanuel transforma essa afirmativa numa bonita página que se intitula *Enquanto temos tempo*:

"Às vezes, o ambiente surge tão perturbado que o único meio de auxiliar é fazer silêncio com a luz íntima da prece.

Em muitas circunstâncias, o companheiro se mostra sob o domínio de enganos tão extensos que a forma de ajudá-lo é esperar que a vida lhe renove o campo do espírito.

Aparecem ocasiões em que determinado acontecimento surge tão deturpado que não dispomos de outro recurso senão contemporizar com a dificuldade, aguardando melhores dias para o trabalho esclarecedor.

Repontam males na estrada com tanta força de expansão que, em muitos casos, não há remédio senão entregar os que se acumpliciam com eles às consequências deploráveis que se lhes fazem seguidas.

Entretanto, as ocasiões de construir o bem se destacam às dezenas, nas horas do dia a dia.

Uma indicação prestada com paciência...

Uma palavra que inspire bom ânimo...

Um gesto que dissipe a tristeza...

Um favor que remova a aflição...

Analisemos a trilha cotidiana.

A paz e o concurso fraterno, a explicação e o contentamento são obras morais que pedem serviço edificante como as realizações da esfera física.

Ergue-se a casa, elemento a elemento.

Constrói-se a oportunidade para a vitória do bem, esforço a esforço.

E, tanto numa quanto noutra, a diligência é indispensável.

Não vale esperança com inércia.

O tijolo serve na obra, mas nossas mãos devem buscá-lo."

Em uma viagem de turismo, enquanto os passageiros eram convidados a uma apresentação individual que pudesse promover o entrosamento do grupo, um senhor, ao apresentar-se, narrou o seguinte fato: "Minha gente, quando São Pedro me chamou para que eu viesse aqui para a Terra, eu respondi que só viria se fosse para viajar. E é isso que eu tenho feito, viajado para conhecer o mundo maravilhoso que existe por esse planeta de Deus."

O que teremos dito nós a São Pedro quando a nossa volta ao planeta foi proposta? Ou melhor, o que teríamos dito nós a nossa própria consciência quando a reencarnação chegou para trazer-nos de volta à escola da Terra?

É importante destacar que esse senhor turista não era

espírita. Talvez nunca tivesse ouvido falar da Doutrina dos Espíritos. Por isso mesmo, não tinha a responsabilidade perante a Lei que o espírita tem de acordo com o alerta de Jesus de que mais seria cobrado a quem mais tivesse sido dado.

Já o grande apóstolo Paulo, percebendo a brevidade da existência física e as consequências que viriam após o desencarne, deixou-nos o alerta contido em Gálatas de que, enquanto tivéssemos tempo, fizéssemos o bem a todos.

Em nosso dia a dia, como temos nos comportado? Estamos em viagem pela escola da Terra para gozarmos os prazeres que a vida material pode nos proporcionar, ou já adquirimos a consciência da brevidade do tempo que temos entre o berço e o túmulo?

O que teremos a relatar diante da nossa própria consciência em nosso encontro infalível com esse implacável juiz em nosso retorno à pátria espiritual?

Temos feito o bem a todos, ou selecionamos aqueles que nos tratam cordialmente concordando com tudo o que falamos, com tudo o que fazemos, com tudo o que pensamos?

Amar a quem nos ama é um comportamento que não caracteriza o cristão. O verdadeiro seguidor de Jesus é aquele que ama exatamente aquele que se levanta à nossa frente contrariando-nos, mas trazendo as lições de que temos necessidade.

Joanna de Ângelis nos ensina que o mundo, sob a ótica teológica à luz da psicologia profunda, é um educandário de desenvolvimento dos recursos espirituais do ser em trânsito para o reino dos Céus. Reparemos bem: em trânsito para o reino dos Céus! Estamos em breve passagem pela escola do planeta. Quando aportarmos do outro lado da existência quem estará nos esperando: a viagem de turismo em que cuidamos de fazer o bem a nós mesmos na escola da Terra, ou o bem a todos como nos recomendou o apóstolo Paulo por entendermos que estamos em um educandário dos recursos espirituais como ensina Joanna de Ângelis?

Estudos recentes demonstram que, no Brasil como em outros países do mundo, a taxa de fecundidade caiu bastante. Taxa de fecundidade é o número de filhos que um casal decide ter. Na década de 1970, o número de filhos por casal era, em média, de 5,8. Agora, na primeira década do século atual, caiu para 1,8 filhos por casal! O que isso significa transferindo esses dados para análise do ponto de vista espiritual, é que a reencarnação no Brasil, como em outras partes do mundo, está mais difícil. Nós que nos encontramos na posse de um veículo físico, precisamos aproveitar muito a atual oportunidade porque a fila de espera para uma outra chance está bastante longa. O único caminho para aproveitá-la é fazer o bem a todos, enquanto temos tempo...

Enquanto temos tempo, analisemos nossa trilha diária como recomenda Emmanuel para que possamos através de pequenas atitudes de doação no bem a todos, construirmos o reino de Deus dentro de cada um de nós, razão maior pela qual recebemos a bênção da reencarnação.

Enquanto o turista viaja pelo mundo conhecendo-lhe as maravilhas, viajemos pelas necessidades alheias tomando consciência das maravilhas da prática do bem, ENQUANTO TEMOS TEMPO...

02

Ela conheceu Jesus

VOU NARRAR PARA você uma história verídica sobre uma senhora polonesa que ainda está viva com quase cem anos. Eu disse história verídica, por isso mesmo, por favor, preste muita atenção e você verá como se deve aproveitar bem o tempo.

Enquanto o filme de Steven Spielberg, sobre a história de Oskar Schindler, que salvou a vida de 1.200 judeus, ganhava diversas premiações, num asilo de Varsóvia vivia Irena Sendler que nunca contou a ninguém a sua vida heroica. Aliás, ela nem se considera uma heroína. Nunca reivindicou crédito algum pelas suas ações durante a Segunda Guerra Mundial que permitiram-lhe salvar 2.500 crianças judias!

Sua vida começou a ser conhecida em 1999, quando alunos do Instituto do Kansas-EUA, começaram a pesquisar sobre heróis do holocausto. Descoberto esse grandioso feito de Irena, procuraram por sua tumba e não a encontraram exatamente porque ela ainda está viva. Há anos vive em uma cadeira de rodas em um asilo em Varsóvia, em um quarto sempre cheio de flores e de cartões de agradecimento. A cadeira de rodas é uma consequência das torturas que sofreu na prisão de Pawiak onde teve os pés e as pernas quebradas sem nunca delatar onde as crianças por elas salvas estavam, e muito menos trair as pessoas que auxiliaram-na em sua façanha heroica.

Quando a Alemanha invadiu a Polônia em 1939, Irena trabalhava como enfermeira do Departamento de Bem-estar Social de Varsóvia. Em 1942 os alemães criaram um "gueto" naquela cidade. "Gueto" era um bairro onde os judeus eram obrigados a viver miseravelmente durante a guerra enquanto esperavam a morte. Irena Sendler horrorizada com as barbaridades impostas àquele povo, uniu-se ao *Conselho para ajuda aos Judeus* e aproximou-se das oficinas sanitárias que tinham a função de lutar contra as doenças contagiosas da época. Como os alemães tinham medo das doenças, especialmente da epidemia de tifo, permitiam que os poloneses cuidassem dos doentes. Irena viu nesse fato uma possibilidade para retirar crianças daquele "gueto". Entrava em contato com as famílias propondo levá-los dali, mas recebia sempre a pergunta: pode garantir que meu filho viverá?

Irena não podia garantir nada, pois nem como iria remover as crianças do local ela sabia. A única certeza que ela tinha era a de que, se ali permanecessem, morreriam todas. Muitas vezes quando voltava para tentar convencer a família em entregar os filhos, todos os moradores da casa haviam sido dizimados!

Irena começou a retirar as crianças inicialmente em ambulâncias alegando que estavam contaminadas pelo tifo. Depois, tudo servia: cestas de lixo, caixas de ferramentas, carregamentos de mercadorias, sacos de batata, ataúdes, etc.

Queria devolvê-los mais tarde às suas famílias. Para isso, criou um sistema original de arquivar dados das crianças em pedaços de papel que eram colocados dentro de potes de conserva que seriam enterrados debaixo de um pé de maçã no jardim de seu vizinho.

Descoberta em 1943 pela Gestapo foi levada para a prisão de Pawiak onde recebeu vários tipos de tortura sem entregar ninguém. Hoje, em tempos de paz, parece muito fácil falar, ler e escrever sobre essas duas mil e quinhentas vidas que foram poupadas na época do terror nazista, mas imaginem a situação terrível cada vez que uma delas era escondida de alguma forma para ser retirada do "gueto"onde aguardava pela morte!

Em sua cama rústica da prisão encontrou uma gravura de Jesus que guardou com muito amor. O que Irena não sabia era que já havia se encontrado com ele tempos antes, ao salvar as 2.500 crianças do extermínio certo. Essa afirmativa é de *O Evangelho segundo o Espiritismo*, Mateus, cap. XXV, v. de 31 a 46: "Então os justos lhe responderão: Senhor, quando foi que vos vimos com fome e vos demos de comer, ou com sede e vos demos de beber? Quando foi que nós vos vimos sem teto e vos alojamos, ou sem roupa e vos vestimos? E quando foi que vos vimos doente ou na prisão e viemos vos visitar? E o rei lhes responderá: *Eu vos digo em verdade, quantas vezes o fizestes com relação a um destes mais pequenos de meus irmãos, foi a mim mesmo que o fizestes*."

Em 1979 Irena entregou a gravura de Jesus para o Papa João Paulo II.

Como não poderia deixar de ser, foi condenada à morte pelos nazistas. Entretanto, o soldado encarregado de executá-la, deixou-a fugir ao ver as condições de maus-tratos em que se encontrava, talvez supondo que não sobreviveria. A partir dessa data, passou a fazer parte da lista de prisioneiros executados, o que lhe salvou a vida.

Após a Segunda Guerra, Irena desenterrou os potes de conserva escondidos com a identificação de cada criança por ela salva, e procurou localizar os seus parentes. A maioria, entretanto, havia sido exterminada.

O pai de Irena, que morreu vítima de tifo, ensinava-lhe que ajudar cada dia alguém tem de ser uma necessidade que saia do coração.

Em sua humildade, Irena Sendler repete constantemente: "Poderia ter feito mais!"

Quantas pessoas poderão no mundo contabilizar que salvaram sequer uma única pessoa da morte certa? Que dizer então sobre duas mil e quinhentas?

Eis aí para todos nós um exemplo verdadeiro de como podemos e devemos aproveitar o nosso tempo no bem, ENQUANTO TEMOS TEMPO...

03

A boneca de crochê

*Indispensável, no matrimônio, não se confundir
paixão com amor, interesse sexual com afeição legítima.*
— Joanna de Ângelis (Após a tempestade).

NÃO SEI DE QUEM é a história, mas serve muitíssimo bem ao assunto, como você mesmo poderá verificar.

Um casal vivia junto há mais de sessenta anos. Muitos problemas superados, muitos obstáculos vencidos, uma vida a dois vitoriosa. Um determinado dia, como acontece na vida de qualquer pessoa, a velha adoeceu. O marido ficou preocupado e chamou um médico, desses que ainda vão à casa para consultar. Depois de detalhado exame, o facultativo chamou o velho e comunicou a ele que a vida da sua esposa estava no final, infelizmente.

Durante todo esse tempo de casado ela guardava uma caixa de sapatos em cima do guarda-roupa com a ordem expressa de que a mesma jamais fosse aberta. O preço da desobediência a essa ordem seria o fim do casamento. Ele resistira até aquele momento doloroso em que a notícia anunciava a morte da companheira. Não vendo mais justificativa para que o segredo não fosse violado, apanhou a caixa, abriu-a e dentro dela encontrou duas bonecas de crochê e uma quantia de cem mil reais!

Com muito jeitinho, antecipando atenção e carinho para com a companheira, o velho perguntou a ela o que significava aquelas duas bonecas de crochê.

A velha senhora sentindo que a partida não tardava, deliberou contar o segredo mantido a sete chaves durante os mais de sessenta anos de casamento. Dessa forma, ela explicou ao marido choroso que a sua avó, enquanto ela ainda era solteira, aconselhou-a que em todas as vezes que tivesse motivos sérios de briga com o marido que a levasse à vontade de se separar, fizesse uma boneca de crochê.

O velho ficou deslumbrado! Todos aqueles anos e ela só fizera duas bonecas de crochê?! Ele era um homem vitorioso com toda a certeza, afinal que casal só discute seriamente apenas duas vezes? Existiria um casal onde um deles só tivesse tido o desejo de separação apenas por duas vezes?! Ele que agora perdia a companheira de longa caminhada, deveria servir de exemplo para esses rapazes que não sabem respeitar suas esposas. Que se separam ao menor sopro de um vento mais impetuoso. Ele era um modelo para a maioria dos homens!

Entretanto, lembrou-se também que naquela caixa proibida, havia a quantia muito grande de cem mil reais! Eram pobres e aquela soma em dinheiro era considerável.

Mais uma qualidade de sua querida velha! Ela conseguira ajuntar, mercê de suas economias, tal quantia em dinheiro! Que mulher maravilhosa! Eles representavam, sem dúvida nenhuma, um modelo para os casais de hoje em dia e do futuro. Desejoso de elogiar a esposa por mais essa virtude, perguntou a ela como havia conseguido juntar cem mil reais!

E ela, com um sorriso matreiro nos lábios, confessou:

— Ah! O dinheiro? Os cem mil reais?

— Sim, minha velha. Como você conseguiu juntar tanto dinheiro, meu amor?

— Esse dinheiro, meu velho, é fruto da venda das bonecas de crochê que fiz durante toda a nossa vida de casados...

• • •

Igreja cheia. Flores viçosas enfeitando os locais. Músicas selecionadas ao sabor dos noivos. Convidados ávidos para contemplar a noiva entrando na Igreja e realizando o seu sonho. Pais felizes com a felicidade dos filhos. A noiva com o vestido dos seus sonhos. Tudo é alegria. Tudo é festa. Finalmente, no altar, diante da autoridade religiosa que preside o casamento, as juras tradicionais. O estar juntos na saúde e na doença. O ficar juntos até que a morte os separe. Essa é a visão espírita do que seja um casamento? Vejamos o que nos diz *O Evangelho segundo o Espiritismo* em seu capítulo XXII:

"Os fariseus vieram também a ele para tentá-lo, dizendo-lhe: É permitido a um homem devolver sua mulher por qualquer causa que seja? Ele lhes respondeu: Não lestes que aquele que criou o homem desde o princípio, os criou macho e fêmea, e que foi dito: Por essa razão o homem deixará seu pai e sua mãe, e se ligará à sua mulher, e não farão mais os dois senão uma só carne. *Que o homem, pois, não separe o que Deus juntou.*" (destaque nosso)

1) Essa é a visão espírita do casamento? Com isso então, o casamento religioso é indissolúvel?

De novo o Evangelho esclarece no mesmo capítulo, item 3:

"Mas na união dos sexos, ao lado da lei divina material, comum a todos os seres vivos, há uma outra lei divina, imutável, como todas as leis de Deus, exclusivamente moral e que é a lei do amor. Deus quis que os seres estivessem unidos não somente pelos laços da carne, mas pelos da alma, a fim de que a afeição mútua dos esposos se transportasse para seus filhos, e que eles, fossem dois, em lugar de um, a amá-los, a cuidá-los e fazê-los progredir. *Nas condições ordinárias do casamento, foi levada em conta essa lei de amor?* De nenhum modo; o que se consulta não é a afeição de dois seres que um mútuo sentimento atrai um para o outro, uma vez que, o mais frequentemente, se rompe essa afeição; o que se procura não é a satisfação do coração, mas a do orgulho, da vaidade e da cupidez, numa palavra, de todos os interesses materiais; quando tudo está bem, segundo esses interesses, diz-se que o casamento é conveniente, e quando as bolsas estão bem combinadas, diz-se que os esposos o estão igualmente, e devem ser bem felizes." (destaque nosso)

Antes de concluirmos, vejamos mais uma explicação contida no Evangelho, no mesmo capítulo e item citados anteriormente:

"Mas nem a lei civil, nem os compromissos que ela faz contrair, podem suprir a lei do amor se esta lei não preside a união; disso resulta que, frequentemente, o que se une à força, se separa por si mesmo; que o juramento que se pronuncia ao pé do altar torna-se um perjúrio se dito como uma fórmula banal; daí as uniões infelizes, que acabam por tornar-se criminosas; dupla infelicidade que se evitaria se, nas condições do casamento, não se fizesse abstração da *única lei que o sanciona aos olhos de Deus: a lei do amor.* Quando Jesus disse: "Vós não separareis o que Deus uniu", isso se deve entender da união segundo a lei imutável de Deus, e não segundo a lei variável dos homens." (destacamos)

2) Quer dizer então que, na visão da Doutrina Espírita, o casamento, no sentido da união de duas pessoas para uma longa e bem sucedida jornada a dois aqui no planeta Terra, somente existe quando o amor foi realmente o elo de união entre duas criaturas? Tenham tido cerimonial religioso de qualquer natureza ou não? Tenham sido ou não abençoados por quem quer que seja?

A única lei que sanciona o casamento aos olhos de Deus: a lei do amor! O casamento que não se alicerça nessa lei é passível de dissolubilidade. Nesses casamentos, o amor é confundido com paixão. O sexo com afeição legítima. O único sentimento que resiste à ferrugem das lutas, dos problemas, dos atritos, das discussões, dos desentendimentos, dos desencontros, é o amor.

Para quem deseja que o encontro com esse homem ou com essa mulher seja um verdadeiro reencontro é preciso que exista o amor. O amor e não a paixão! Essa não resiste à luta a dois. Quando não existe o amor, esse encontro estará fadado a ser um doloroso desencontro. Diz *O Evangelho segundo o Espiritismo* no capítulo XXII, item 3, que nem a lei civil, nem os compromissos que ela faz contrair, podem suprir a lei do amor se esta lei não preside a união; disso resulta que, frequentemente, o que se une à força, se separa por si mesmo.

3) Falando tanto em amor, a Doutrina Espírita não desvaloriza a parte civil do casamento? Não despreza a lei civil que rege essa união?

Deixemos *O Evangelho segundo o Espiritismo* responder no item 4 do capítulo XXII: "Não, certamente; a lei civil tem por objetivo regular as relações sociais e os interesses da família, segundo as exigências da civilização; eis porque ela é útil, necessária, mas variável; deve ser previdente, porque o homem civilizado não pode viver como o selvagem; mas nada, absolutamente nada, se opõe a que seja o corolário da lei de Deus; *os obstáculos para o cumprimento da lei divina resultam dos preconceitos e não da lei civil.*" (destacamos)

Isso posto, uma outra pergunta em relação ao casamento que é dirigida ao espírita é sobre o divórcio.

4) O que pensa a Doutrina Espírita sobre o divórcio?

Afirma Joanna de Ângelis no livro *Após a tempestade*, capítulo 13 que "o divórcio como o desquite são, em consequência, soluções legais para o que moralmente já se encontra separado". O Evangelho, por sua vez, ensina que "o divórcio é uma lei humana que tem por fim separar legalmente o que está separado de fato; não é contrária à lei de Deus, uma vez que não reforma senão o que os homens fizeram e não é aplicável senão nos casos em que não se levou em conta a lei divina".

O que estaria Kardec ensinando quando afirma que o divórcio vem separar o que já está legalmente separado e só é aplicável somente quando não se levou em conta a lei divina? Pura e simplesmente Kardec recorda que a verdadeira união perante Deus é aquela onde duas criaturas se unem pela lei do amor. Quando isso não ocorre, quando os interesses são outros, já se encontram desunidas aos olhos do Criador. Jesus nos fala sobre a falta desse amor quando afirma: "É por causa da dureza de vosso coração que Moisés vos permitiu devolver vossas mulheres", (Mateus, cap. XIX, v. de 3 a 9). Onde existe o amor verdadeiro, não existe a dureza dos corações.

Joanna de Ângelis nos ensina, no livro acima referido, que "o divórcio como o desquite são, em consequência, soluções legais para o que moralmente já se encontra separado".

Com isso podemos entender que podemos nos separar, mesmo porque, a união que não se assentou sobre a lei do amor, não possui alicerces para enfrentar os embates da vida a dois que permitem o crescimento espiritual dos nubentes. Mas, ...

5) Devemos nos separar?

Antes de respondermos de acordo com os ensinamentos espíritas, permitam-nos relatar uma fábula narrada por Joanna de Ângelis no livro *O despertar do Espírito*:

"Uma velha fábula conta que, numa já remota era glacial, os porcos-espinhos sentiram-se ameaçados de destruição pelo frio que reinava em toda parte. Por instinto, uniram-se e conseguiram sobreviver em razão do calor que irradiavam. Não obstante, pelo fato de estarem muito próximos, uns dos outros, passaram a ferir-se mutuamente, provocando reações inesperadas, quais o afastamento de alguns deles. Como consequência da decisão, todos aqueles que se encontravam distantes passaram a morrer por falta de calor. Os sobreviventes, percebendo o que acontecia, reaproximaram-se, agora porém, conhecedores dos cuidados que deveriam manter, a fim de não se magoarem reciprocamente. Graças a essa conclusão feliz, sobreviveram à terrível calamidade..."

Sem querer que ninguém considere o seu cônjuge o animal da fábula, procuremos, antes da decisão final analisar à luz da realidade espiritual, as vantagens de continuarem juntos e as desvantagens da separação. À primeira vista e movidos pela mágoa, separar-se pode parecer a chave mágica de todos os problemas. Pode até ser que, analisando a breve existência na Terra, a separação represente uma solução para os cônjuges, embora tenha um preço imprevisível para os filhos. Todavia, uma solução muito breve porque como seres imortais retornaremos ao mundo espiritual onde a solução mais fácil poderá custar um preço muito caro no mundo da realidade definitiva. Isso sem considerarmos a necessidade de futuros reencontros para alcançar os objetivos que resolvemos abandonar na comodidade de uma separação.

Mais uma vez ensina Joanna no livro *Após a tempestade*, que "evidentemente, que, tal solução é sempre meritória, para evitar atitudes mais infelizes que culminam em agravamento de conduta para os implicados na trama dos reajustamentos de que não se evadirão. *Voltarão a encontrar-se, sem dúvida, quiçá em posição menos afortunada, oportunamente*".

Aí está a resposta: para que se evite mal maior entre os casais que estão em graves desentendimentos porque o amor não presidiu a sua união, o divórcio é a saída que faz opção pelo mal menor. Muitos casais atingem tal grau de desrespeito recíproco perante si mesmos e perante os filhos, que o divórcio passa a ser um curativo temporário nesse relacionamento. Entretanto, todo e qualquer compromisso assumido e não acabado, exige do aluno o retorno à lição que ele tem necessidade. É da Lei. Por isso mesmo é que Joanna de Ângelis afirma que voltarão a encontrar-se sem dúvida, e o que é mais preocupante: talvez em posição menos afortunada! É a mentora quem continua considerando que é "imprescindível que, antes da atitude definitiva para o desquite ou o divórcio, tudo se envide em prol da reconciliação, ainda mais considerando quanto os filhos merecem que os pais se imponham uma união respeitável, de cujo esforço muito dependerá a felicidade deles. Na dissolução dos vínculos matrimoniais, o que padeça a prole, será considerado como responsabilidade dos genitores, que se somassem esforços poderiam ter contribuído com proficiência, através da renúncia pessoal, para a dita dos filhos".

6) A doutrina espírita aponta soluções para que o divórcio não se concretize?

Os conselhos são de Joanna de Ângelis quando afirma: "Se te encontras na difícil conjuntura de uma decisão que implique em problema para os teus filhos, para e medita. Necessitam de ti, mas, também do outro membro-base da família.

Não te precipites, através de soluções que, às vezes, complicam as situações.

Dá tempo a que a outra parte desperte, concedendo-lhe a ensancha para o reajustamento.

De tua parte permanece no posto.

Não sejas tu quem tome a decisão.

A humildade e a perseverança no dever conseguem modificar comportamentos, reacendendo a chama do entendimento e do amor, momentaneamente apagada.

Não te apegues ao outro, porém, até a consumação da desgraça.

Se alguém não mais deseja, espontaneamente, seguir contigo, não te transforme em algema ou prisão.

Tem paciência e confia em Deus.

Quando se modifica uma circunstância ou muda uma situação, não infiras disso que a vida, a felicidade, se acabaram.

Prossegue animado de que aquilo que hoje não tens será fortuna amanhã em tua vida.

Se estiveres a sós e não dispuseres de forças, concede-te outra oportunidade, que enobrecerás pelo amor e pela dedicação.

Se te encontrares ao lado de um cônjuge difícil ama-o, assim mesmo, sem deserção, fazendo dele a alma amiga com quem estás incurso pelo pretérito, para a construção de um porvir ditoso que a ambos dará a paz, facultando, desse modo, a outros Espíritos que se revincularão pela carne, a ocasião excelente para a redenção".

Se você nessa altura da leitura estiver pensando assim: essa atitude é para Espíritos de grande evolução dos quais ainda estou muito longe, reservei um parágrafo de Joanna que subtraí intencionalmente do texto acima:

"Cada ser ruma pela rota que melhor lhe apraz e vive conforme lhe convém. *Estará, porém, onde quer que vá, sob o clima que merece*". (destacamos)

É, não sei se você concorda, mas é melhor encher muitas e muitas caixas de boneca de crochê do que encher a consciência de uma dívida à qual retornaremos porque ninguém, absolutamente ninguém, deixará esse planeta de provas e expiações, enquanto dever perante a Lei, um único centavo que seja.

E então? Mãos nas agulhas da tolerância; vamos desenrolar a lã da paciência; tecer as tramas do perdão para confeccionar inúmeras, tantas quantas forem necessárias, bonecas de crochê ENQUANTO TEMOS TEMPO...

04

O colar de turquesas

ESSE CONTO CHEGOU-ME via internet sem a identificação do autor. Uma menina muito doce entrou em um estabelecimento onde se vendiam joias. Deteve-se alguns minutos em frente a um colar de turquesas e depois dirigiu-se ao responsável pelo local, dizendo:

— Moço, eu vou levar aquele lindo colar de turquesas. – disse apontando-o com uma das mãos muito pequenas.

O responsável pela loja sorriu da ingenuidade da criança, mas em respeito a ela tomou o colar da vitrine, colocou-o sobre o balcão em um tecido de veludo cuja cor realçava ainda mais a peça muito bela e perguntou:

— Você tem dinheiro para pagar, meu bem?

A menina com um sinal positivo da cabeça sacou do bolso da roupa pobre um pano velho como se fosse uma pequena trouxa abrindo-o sobre o mesmo balcão, deixando à mostra algumas moedas de pouquíssimo valor.

— É tudo de que dispõe, meu amor? – indagou sensibilizado com doçura aquele senhor.

— É tudo o que eu tenho. Eu quero levar esse colar para a minha irmã mais velha que, desde a morte da nossa mãe, tem sido para todos lá de casa uma nova mãe. Ela é muito bonita. Seus olhos são da cor desse colar e agora, no aniversário dela, gostaria de dar esse presente a ela.

A sensibilidade daquele homem maduro tocou-lhe as fibras mais íntimas do ser e ele não resistiu. Apanhou o colar, colocou-o em uma caixa especial e envolveu-a com o papel mais bonito que dispunha. Entregou-o à menina cujos olhos derramavam a alegria ingênua da infância, dizendo:

— O seu dinheiro é suficiente minha filha. Pode levar o colar para a sua irmã.

A menina partiu do local como um pássaro parte do seu cativeiro de muitos anos ganhando a liberdade de poder voar de novo.

No final da tarde uma jovem muito bela adentrou o mesmo estabelecimento com um pacote nas mãos. Essa moça tinha os olhos da cor de turquesa. Procurou o responsável e se manifestou:

— Essa joia foi comprada aqui, senhor?

— Sim. Sem dúvida.

— E ela é verdadeira, não é?

— Perfeitamente, minha jovem.

— Estou aqui porque foi a minha irmã mais jovem quem levou essa joia e ela não tem dinheiro para isso. Aliás, em minha casa ninguém tem recursos financeiros para adquirir tal preciosidade. Quanto ela custou?

— Desculpe-me, senhorita, mas o preço é um segredo entre o vendedor e o comprador, no caso, a sua irmãzinha.

— Mas, senhor! Como pode comprá-la se ela não tem dinheiro nenhum? Como pagou pelo colar que deve custar muito caro?!

— Sua irmã - retrucou o vendedor - pagou o preço mais caro de todas as joias que vendi até hoje. Ela deu tudo o que possuía!

Tomou da joia novamente, tornou a embrulhá-la e a entregou para a moça que derramava lágrimas pela grandiosidade da pequena irmã que se transformara para ela na filha mais jovem... Ela dera tudo o que possuía!

Essa bela história nos remete a uma passagem do Evangelho segundo Marcos, cap. XII, v. 41 a 44 e Lucas, cap. XXI, v. de 1 a 4. Recordemo-la: "Jesus, estando sentado defronte o gazofilácio, considerava de que maneira o povo nele atirava o dinheiro, e que várias pessoas ricas tinham colocado muito. Veio também uma pobre viúva, que nele colocou somente duas pequenas moedas. Então Jesus tendo chamado seus discípulos, lhes disse: Eu vos digo em verdade, esta pobre viúva deu mais do que todos aqueles que colocaram no gazofilácio. Porque todos os outros deram de sua abundância, mas esta deu de sua indigência, tudo mesmo o que tinha e tudo o que lhe restava para viver."

Gazofilácio era uma espécie de urna, de cofre, onde, no Templo, cada um manifestava sua fé dando oferendas. Lançamos mão dessa passagem do Evangelho e da história do colar de turquesas para abordar a atitudes de muitas pessoas convidadas a pequenas ações no campo do Bem. Alegam elas que pouco podem fazer, e como não podem o muito relegam o pouco ao esquecimento. Gostariam de ter atitudes como as que caracterizaram Chico Xavier, Madre Teresa de Calcutá, Irmã Dulce da Bahia, Divaldo P. Franco, mas como não conseguem porque cada um possui um determinado potencial, acabam por passar pela existência sem produzir o pouco que pode ser muito, desde que seja tudo aquilo que a pessoa esteja preparada para dar naquela fase de sua evolução.

André Luiz no livro *Endereços de paz*, psicografia de

Chico Xavier nos ensina que os vermes da Terra pediram ao Sol do entardecer lhes desse luz para determinadas evoluções durante a noite e o Sol rogou ao pirilampo lhe tomasse o lugar. Continua ensinando ele que o rio observou que uma criança desmaiava de sede, não longe da corrente, mas sem poder desviar-se do próprio curso, solicitou à pequena concha da margem lhe levasse algumas gotas d'água. Vemos nesse pequeno trecho um magistral exemplo de como, com boa vontade, as grandes tarefas podem ser continuadas em pequenas e importantes atitudes.

Recordemos os ensinamentos de *O Evangelho segundo o Espiritismo* exatamente na passagem sobre o óbolo da viúva:

"Muitas pessoas lamentam não poderem fazer tanto bem quanto o gostariam, por falta de recursos suficientes, e se desejam a fortuna é, dizem elas, para dela fazerem um bom uso. A intenção é louvável, sem dúvida, e pode ser muito sincera em alguns; mas é certo que seja em todas completamente desinteressada? Não há aqueles que, desejando mesmo fazer o bem aos outros, estariam bem contentes em começar por fazê-lo a si mesmos, de se darem algumas alegrias a mais, de se proporcionarem um pouco do supérfluo que lhes falta, sob a condição de darem o resto aos pobres? Essa segunda intenção, dissimulada, mas que encontrariam no fundo do coração se quisessem nele rebuscar, anula o mérito da intenção, porque a verdadeira caridade pensa nos outros antes de pensar em si. O sublime da caridade, nesse caso, seria procurar no seu próprio trabalho, pelo emprego de suas forças, de sua inteligência, de seus talentos, os recursos que faltam para realizar suas intenções generosas; aí estaria o sacrifício mais agradável ao Senhor. Infelizmente, a maioria sonha com meios mais fáceis de se enriquecer de repente e sem trabalho, correndo atrás de quimeras, como descobertas de tesouros, uma chance incerta favorável, a recuperação de heranças inesperadas, etc. – Que dizer daqueles que esperam encontrar, para os secundar nas pesquisas dessa natureza, auxiliares entre os Espíritos?".

Ou seja, existem pessoas que na ingenuidade da sua infantilidade espiritual, pedem recursos financeiros ao mundo espiritual sob a alegação de terem recursos para amparar ao próximo. Se isso fosse necessário o que teria feito Jesus que nasceu numa estrebaria, que nunca teve um teto de sua propriedade ou um travesseiro onde repousar a cabeça? No entanto, ele deu tudo o que possuía, dando-nos a própria vida!

Vamos a alguns exemplos de pessoas pobres que se imortalizaram perante a Humanidade. Sócrates foi escultor pobre e filósofo que influiu na vida dos jovens de Atenas. Precursor das ideias do cristianismo como cita Allan Kardec em *O Evangelho segundo o Espiritismo*. Não teve o auxílio do dinheiro. Paulo de Tarso, foi ser tapeceiro o que não lhe rendia nenhuma soma de dinheiro significativa, entretanto foi o vaso escolhido por Jesus para levar a Boa Nova aos gentios. Dante Alighieri ficou órfão de mãe aos cinco anos e de pai, aos doze. Imortalizou-se com a Divina Comédia, sem o auxílio do dinheiro. João Henrique Pestalozzi, pedagogo suíço, criou a escola popular, alcançando reputação internacional pelo imenso esforço para melhorar a instrução e educação das crianças pobres e a situação econômica das classes populares. Lázaro Luís Zamenhof, médico polonês, filólogo, sem fortuna, poder ou qualquer outro tipo de facilidade, criou o idioma internacional, o Esperanto. Madame Curie, ganhou duas vezes o Prêmio Nobel, era tão pobre que quando se inscreveu para os estudos universitários, desmaiou de fome. Beneficiou toda a Humanidade com a descoberta do rádio, elemento químico que proporcionou profundos benefícios na medicina e no tratamento de enfermidades graves.

Essa atitude de pedir recursos financeiros aos Espíritos para poder fazer alguma coisa pelo semelhante, nos lembra uma história de um homem que após muito pedir, teve, trazida pela rajada de vento, uma nota de cinquenta reais depositada aos seus pés. Mal caminhara alguns metros, encontrou uma pobre mulher que suplicava ajuda para pagar medicamentos do filho que se encontrava enfermo. Eram apenas dez reais a necessidade daquela mulher que pedia. Entretanto, o homem que vivia pedindo recursos financeiros aos Espíritos, com a nota de cinquenta reais bem escondida nas mãos cuidadosamente fechadas, deu uma desculpa e afastou-se rapidamente da pedinte...

Quando dentro de nosso lar somos o cônjuge que procura tolerar, que procura compreender para que a paz não se afaste, estamos fazendo o muito que podemos. Quando dentro do lar procuramos ser o filho que não dê dores de cabeça para os pais, estamos fazendo o muito que podemos. Quando no ambiente de nosso trabalho nos transformamos naquele que comenta o otimismo, estamos fazendo o muito que podemos. Quando diante da maledicência entregamo-nos ao silêncio, estamos fazendo o muito que podemos. Quando visitamos o enfermo no hospital ou em seu lar, estamos fazendo o muito que podemos. Quando nos dispomos a ouvir o velho esquecido no asilo em nossa visita fraterna, estamos fazendo o muito que podemos. Quando cumprimentamos alguém com um sorriso nos lábios, estamos fazendo o muito que podemos. Quando oramos por aqueles que não dispõem de um lar, pelos países envolvidos com a guerra, com a fome e com as enfermidades, estamos fazendo o muito que podemos.

A Providência Divina que nos conhece profundamente, não espera de ninguém aquilo que a pessoa não pode dar. Deixemos o orgulho e a vaidade de lado e façamos a pequena parte que possamos fazer para que o mundo seja melhor. Não temos recursos para construir um abrigo para crianças órfãs ou velhos abandonados? Isso não nos será cobrado. Não temos recursos para distribuir cestas básicas no bairro pobre? Isso não nos será cobrado. Não temos roupa ou calçados de sobra para distribuirmos aos necessitados? Isso não nos será cobrado. Mas quem é tão pobre, tão desprovido de recursos que não possa dar uma palavra amiga, alguns minutos do seu tempo para alguém que precisa desabafar, o ombro para aquele que precisa chorar? Nisso seremos cobrados. Mais uma vez recordemos *O Evangelho segundo o Espiritismo*, em seu capítulo XIII:

"Aqueles cuja intenção é pura de toda ideia pessoal, devem se consolar de sua impossibilidade em fazer tanto bem quanto gostariam, pelo pensamento de que o óbolo do pobre, que dá se privando, pesa mais na balança de Deus do que o ouro do rico, que dá sem se privar de nada. A satisfação seria grande, sem dúvida, em poder largamente socorrer a indigência; mas se ela é negada, é preciso se submeter e se limitar a fazer o que se pode. Aliás, não é apenas com o ouro que se pode secar as lágrimas, e é preciso ficar inativo por não possuí-lo? Aquele que sinceramente se tornar útil aos seus irmãos para isso encontra mil ocasiões; que as procure e as encontrará; se não é de uma maneira, será de outra, porque não há ninguém, tendo o livre gozo de suas faculdades, que não possa prestar um serviço qualquer, dar uma consolação, abrandar um sofrimento físico ou moral, fazer uma tentativa útil; à falta de dinheiro, cada um não tem seu trabalho, seu tempo, seu repouso, dos quais pode dar uma parte? Aí também está o óbolo do pobre, a moeda da viúva."

As grandes tarefas contam com a colaboração dos Espíritos missionários. ENQUANTO TEMOS TEMPO, não vacilemos nas pequeninas ações no campo do Bem com a intensidade do óbolo da viúva ou das desvalidas moedas do colar de turquesas...

05
A mala velha

> *Enquanto pode, o homem deve aproveitar
> o seu tempo, porque chegará o momento em
> que o tempo o convocará para efetuar meticuloso
> balanço de todos os seus atos.*
> – Irmão José.

Li certa ocasião uma história muito interessante sobre um andarilho. Esse homem vestia calças sujas e remendadas, camisas rasgadas, barba por fazer, cabelos em desalinho e pés descalços e feridos pela caminhada. O único objeto que possuía além da roupa sovada que lhe cobria a nudez do corpo, era uma mala mais surrada do que as suas vestes. Podemos considerar que ela estava desintegrando, desmanchando sob a ação do tempo. A figura em questão tinha seus momentos de meditação, de filosofia íntima onde comentava que, se possuísse a mínima porção de recursos que lhe proporcionasse uma vida digna, não seria como os milionários que estão sempre procurando aumentar a própria fortuna. Ele, não, considerava. Considerar-se-ia satisfeito com o mínimo para viver.

Os dias se passaram e aquele andarilho sempre a bater na mesma tecla sobre a sua satisfação em possuir o mínimo necessário para a sua subsistência.

Tanto falou que um dia a Fortuna aproximou-se dele

e lhe fez uma proposta: colocaria na mala velha quantas moedas de ouro a mesma suportasse. Existia um porém: aquilo que caísse no chão seria transformado em pó sem nenhum valor.

Imediatamente o necessitado abriu a mala jogando fora um pedaço de pão e um jornal velho com que forrava os bancos de jardim para dormir ao relento. E as moedas de ouro começaram a forrar a mala. Seus olhos estavam maravilhados! Justo ele que nada possuía agora tinha ao seu alcance como propriedade sua, aquelas moedas que reluziam ao clarão da luz solar. Segurava com desespero o fundo da mala para que esse não se soltasse. Muito pelo contrário, para que suportasse uma quantia cada vez maior de moedas de ouro!

Em um dado momento, a Fortuna interrompeu o fluxo de moedas para o interior da mala alertando o dono que o velho objeto não suportaria tal peso, mas o andarilho retrucava que não, que mais moedas fossem colocadas porque ele estava a suportar com os próprios braços o peso que a velha mala não aguentasse. Foi feito então, segundo a sua vontade. Tudo em vão. A lei da física não levou em consideração a avidez do andarilho e a mala se rompeu transformando em pó as moedas de ouro, ao toque do solo. Toda a fortuna que abrigara segundos antes não existia mais...

Quando ingressamos na viagem física por um ato de misericórdia da Providência Divina que nos proporciona o retorno necessário ao reajuste da nossa consciência com a paz interior, somos semelhantes ao andarilho. Abraçamos a mala da existência física que vai sendo corroída pela ação inevitável do tempo, na tentativa inútil de aproveitarmos materialmente cada segundo aqui na Terra estocando os valores que não nos acompanharão para o outro lado da vida. Afinal, repetimos, ninguém fica para semente...

A não ser nós mesmos, não é? Se não é, agimos como se assim fosse e o resultado é o mesmo: o desespero em acumular mais e cada vez mais. Mais dinheiro no banco, mais gado no pasto, mais casas de aluguel, mais alqueires de terra, mais títulos sociais, mais isso, mais aquilo e não percebemos o desgaste da mala da existência física que nos preocupamos em repletar de valores materiais que não podem ser transportados para o outro lado. A consciência, reflexo de Deus em nós, procura nos avisar de que a mala está velha e não suportará mais valores materiais; que correm o risco de cair na terra e transformarem-se em pó. Mas quem dá ouvido para a consciência quando está encarnado, não é? Se déssemos, o mundo seria muito melhor. Então, o que faz a consciência? Recolhe-se em nosso íntimo e fica observando a surpresa na morte física, na desencarnação, onde os valores estocados com avidez na mala da vida, transformam-se em decepção como as moedas de ouro do andarilho que se transformaram em pó. Até nosso corpo material que confundimos com nós mesmos – Espíritos imortais – se transforma em pó em cumprimento à lei natural.

Ensina Irmão José, através da psicografia de Carlos Baccelli, que o espírito não vai à Terra para uma excursão de férias, mas sim para efetuar o aprendizado que lhe compete! E o que ouvimos ou vivemos a falar muitas vezes pela existência? De que é preciso aproveitar a vida porque a vida é muito curta...

E realmente é preciso aproveitar essa preciosa oportunidade da reencarnação, mas não angariando valores que ao tocar o solo da realidade espiritual se transformam em poeira.

Insiste Irmão José quando interroga quantos minutos,

horas e dias são inutilmente consumidos pelos homens, sem que atentem para o seu aproveitamento com vistas ao progresso espiritual?

Essa é uma conta que apenas cada um de nós poderá responder, não é mesmo? E no dia dessa resposta haverá um confronto entre os valores que informarmos e aqueles outros que estão registrados nos arquivos do mundo espiritual!

Esclarece Irmão José que devemos aproveitar os minutos à nossa disposição para a leitura edificante, as tarefas de beneficência, a visita ao enfermo, a correspondência ao amigo carente de uma palavra confortadora. São tantas as maneiras de aproveitarmos em boas coisas, em atitudes construtivas, que não acharemos desculpas à nossa ociosidade perante a vida.

Quando perseveramos em matar o tempo o alerta desse Espírito amigo é a de que o tempo é talento que quem não se preocupa em multiplicar acaba ficando sem...

Esse ficar sem tempo se transforma na razão do sofrimento que vitima inúmeras almas desencarnadas que insistiram na Terra em fazer uma viagem de turismo. Adquirem a consciência no mundo dos Espíritos e mergulham em grandes reflexões. Defrontando-se com a realidade que teimaram em não ver, recebem a visita de lágrimas incontáveis, prenúncio do arrependimento que é uma condição básica para um novo recomeço que terá que ser aguardado na fila daqueles que insistiram em colocar na mala da existência material, somente os valores destinados à poeira da decepção ao toque do desencarne.

ENQUANTO TEMOS TEMPO, coloquemos na mala da vida os valores que as traças não corroem e os ladrões não conseguem roubar como recomendava Jesus.

06

A parte mais importante do corpo

Costuma-se afirmar que aquele que não abre
a mão mantém fechado o coração.
– Joanna de Ángelis.

É LÓGICO QUE, se uma história existe, alguém a escreveu. Não existe efeito sem causa. Entretanto, a história que passo a dividir com você porque é muito bonita, não tinha revelado o nome do seu autor onde a li. Por isso não posso mencioná-lo. Mesmo assim, vale pela lição que traz.

A mãe chamou a filha para um conversa informal e perguntou-lhe qual era a parte do corpo que ela achava mais importante. A jovem não titubeou:

— Ora mamãe, a parte mais importante é o cérebro. Quando ele morre, a vida torna-se impossível. Não é isso que os médicos dizem na chamada morte encefálica?

Diante da negativa da mãe, a moça arriscou um outro palpite:

— Bom, se não é o cérebro, então é o coração. Quando ele para a vida termina.

Mais uma negativa e a filha citou várias partes do corpo que poderiam representar aquela de maior importância à qual a mãe queria se referir. Estômago, intestinos, pulmões, visão, voz, as mãos, as pernas, terminando por arrematar diante de cada negativa que da mãe recebia:

— Então não sei. Deixe de fazer suspense e me diga logo porque estou ficando curiosa e nervosa.

— Muito bem, minha filha. A parte mais importante de nosso corpo são os ombros.

— Ora, mamãe! A senhora deve estar brincando. Os ombros?!

— Exatamente. Os ombros, meu bem.

— Seria por que simbolicamente ele representa o local onde carregamos a nossa cruz?

— Não, não é por isso.

— Então diga logo por quê, por favor!

Você leitor amigo e leitora pacienciosa, saberiam o motivo pelo qual os ombros, na opinião dessa mãe, são as partes mais importantes do corpo? Não? Então vamos ouvir através da leitura a explicação da senhora:

— Os ombros, minha filha, é o local onde podemos e devemos acolher a cabeça cansada do sofredor aflito do caminho, e sussurrar-lhe aos ouvidos as palavras de consolo e carinho que ele tanto necessita. O ombro amigo é o local cuja importância só iremos conhecer quando dele tivermos necessidade. Funciona esse ombro amigo como o ninho seguro para a ave cansada da sua jornada. Nesse local ela pode descansar, refazer energias para continuar a sua trajetória. Por isso, meu bem, tenha sempre em sua existência a disposição de utilizar essa parte do seu corpo como o recanto seguro onde a paz e a esperança poderão ser renovadas por todo aquele que estiver em desespero. Não se esqueça: o ombro, o ombro minha filha...

Se temos tantas dificuldades para abrir a mão que é tão

fácil, quando pensaríamos responder que o local mais importante é o nosso ombro, não é mesmo?

Evidentemente que o ideal é que exercêssemos a caridade no sentido de doar-nos e não de darmos aquilo que está sobrando. Quando doamos de nós, sempre temos algo a oferecer, mesmo que seja um sorriso, um afago, um ouvir, algumas palavras, um sussurro, até mesmo através do silêncio podemos servir doando-nos. Quando esperamos que alguma coisa nos sobre para só então praticarmos a caridade, podemos ficar sem ter o que dar. Mas sempre temos o que doar. E olhe, escute bem o que diz doutor Bezerra sobre a caridade: *quando a caridade é muito discutida o socorro pode chegar tarde demais*! Ou seja, quando ficamos a dizer "não sei se posso", "não sei se devo", "não sei se consigo", "não sei se mereço", a aflição daquele que grita por socorro pode atingir a proporção de um suicídio. Lembremos que quando alguém se suicida, a sociedade toda faliu. Quantas vezes um ombro amigo não traduz a diferença entre um ato de desespero ou a resignação de quem encontrou apoio?!

Mas voltando à dificuldade de abrirmos a mão – o que dizer sobre abrir o coração?

Joanna de Ângelis, através da mediunidade de Divaldo, ensina o seguinte: "Abrir a mão é o gesto de deixar verter do coração ao mundo exterior o fluxo generoso em forma de doação, a fim de alcançar, no futuro, as grandiosas formas de abnegação. A generosidade, portanto, doa, de início, coisas, objetos e utensílios, roupas e alimentos, agasalhos e teto, para depois brindar sentimentos, aprimorando a arte de servir até poder doar-se". Ou seja, como dizia Madre Teresa de Calcutá, *doar até doer*!

Continua Joanna de Ângelis: "Somente quem se exercita na oferta material, predispõe-se às dádivas transcendentes, aquelas que não têm preço, 'não enferrujam' nem 'os ladrões roubam.' Ou seja, aquelas que atravessam o túmulo com você a falar na outra dimensão da vida em seu favor.

Finalmente termina a nobre benfeitora: "A generosidade mais se enriquece quanto mais distribui, mais se multiplica quanto mais se divide, pois que tudo aquilo que se oferece possui-se, não obstante qualquer valor que se retenha passa-se a dever".

Já pensou, meu amigo e minha amiga, quanta gente vai ter que voltar para devolver aquilo que reteve em outras vidas?

De posse desse manancial de conhecimentos que a Doutrina Espírita nos transmite em forma de alerta, aproveitemos ENQUANTO TEMOS TEMPO para esvaziar a nossa dívida com a Vida, nada tentando reter para que não passemos a dever...

07

O barro da roupa

A MENINA EXULTAVA de alegria por dois motivos: o primeiro deles é porque iria visitar a avó querida, e o outro se referia ao vestido novo que estrearia nessa visita.

Toda faceira começou caminhar ao lado da mãe a caminho da casa da avó materna. Havia chovido muito e poças de água com terra dentro salpicavam as ruas mal cuidadas. Num desses momentos onde se encontram o motorista apressado e o obstáculo do caminho, o pneu do carro mergulhou pesadamente em um dos buracos espirrando com força uma mistura de água barrenta que atingiu em cheio o vestido novo da menina. A garota ficou possessa. Esbravejou protestando contra aquele descuidado ao volante que havia sujado com lama o vestido que estava sendo estreado com todo orgulho. Como iria se apresentar naquele estado de imundície? Chorou, bateu os pés, cerrou as mãos, esfregou o rosto com fúria, com ódio daquele homem que havia estragado a surpresa que pretendia fazer à sua avó. Contudo, como já estava praticamente na casa dela, não teve outra alternativa a não ser subir no andar do prédio em que ela residia. Assim que a senhora abriu a porta, a menina lançou-se em pranto convulsivo no colo da avó descrevendo a cena do carro lançando em sua roupa nova aquele barro pegajoso.

— Não chore, minha filha. Existem coisas muito mais graves do que a sujeira no vestido. Resolveremos o problema da sujeira e ele voltará a ficar bonito.

A neta correu para o tanque tirando o vestido na intenção de lavá-lo o quanto antes, no que foi impedida pela avó:

— Não, minha querida. Não lave agora. Vamos esperar o barro secar que ele será removido de maneira mais fácil. Se você tentar removê-lo agora, ele irá se esparramar por toda a roupa. Deixe secar e ele se soltará mais facilmente.

A neta obedeceu, mas não interrompia seus protestos contra o motorista descuidado. Passado o tempo necessário, a senhora tomou da roupa e removeu o barro de maneira mais fácil, devolvendo-lhe a limpeza anterior. Quando viu a neta feliz novamente e mais calma, abraçou-a de encontro ao peito e disse:

— Agora vou ensinar-lhe uma coisa muito mais importante do que limpar o barro do vestido, minha querida. Preste atenção. Agora pouco você ainda estava muito nervosa com o acontecido. Da mesma forma como não devemos limpar o barro do vestido enquanto ele não secar, também não devemos tomar decisões no momento da raiva. Precisamos esperar a raiva passar como devemos esperar o barro secar. Se você não fizer isso, espalhará o barro pela roupa toda e a raiva por todo o seu ser, levando-a a tomar decisões perigosas. O barro seco sai mais fácil como você acabou de ver. Da mesma forma, aguardando o momento de raiva se abrandar, podemos removê-lo de nosso interior de maneira mais fácil, sem maiores comprometimentos. Caso você cruzasse com o motorista no mesmo instante em que o pneu do carro tivesse lançado sujeira em seu vestido novo, diria coisas que depois se arrependeria de ter dito. De igual maneira, se tomamos decisões no momento da ira, tomaremos atitudes das quais nos arrependeremos amargamente. Deixemos o barro e a raiva secarem para serem removidos mais facilmente de nós. Decisões tomadas em segundos podem levar uma vida toda para serem corrigidas. Promete que se lembrará disso durante toda a sua vida?

A menina fez um sinal afirmativo com a cabeça, mas estava mais preocupada em constatar a limpeza de seu vestido novo do que compreender a profundidade do ensinamento daquela senhora.

Quantas obsessões não são geradas nessas decisões de segundos ou minutos de raiva, de explosões momentâneas, não é mesmo? Uma discussão no trânsito seguida de uma arma que surge e uma vida que se acaba! Um momento de desespero ou de falta de apoio e um aborto é consumado. Uma discussão entre um casal e um lar é desfeito. Uma proposta desonesta num momento de aperto financeiro e uma corrupção se instala. Alguns minutos em que se abriga o desejo de dinheiro fácil e um sequestro mergulha várias pessoas em intenso sofrimento. Alguns segundos onde o instinto animal fala mais alto e um estupro é consumado. Acontecimentos iguais ou semelhantes em que o ódio predomina sobre o amor, em que o orgulho fala mais alto do que a humildade, em que a vaidade sobrepuja a razão e poderemos ter o nascimento de uma obsessão que demandará séculos para ser resolvida.

Se alguém perguntar-lhe se o obsessor é algoz ou vítima, o que você responderá? E em relação ao obsediado, ele é algoz ou vítima? Vai depender do momento em que nós analisarmos os fatos que geraram esse envolvimento lamentável. Se o tempo for o passado, o obsessor de hoje será a vítima de ontem. Também no passado o obsediado que é a vítima de hoje terá sido o algoz daquela época.

Ensina Joanna de Ângelis através de Divaldo que "a obsessão tem as suas raízes fixadas nos antecedentes morais de ambos os litigantes, que se deixaram vencer pela inferioridade que os dominava, à época da pugna. Egoístas e irrefletidos, não mediram as consequências dos seus atos venais, passando a vincular-se um ao outro através das algemas do ódio, do desforço, que os tornam cada vez mais infelizes. Arrastam-se, desse modo, por séculos de sofrimentos excruciantes, passando de vítimas a algozes, e reciprocamente, até que o amor lhes acenda a luz da esperança nas sombras onde se detêm e o perdão os torne verdadeiros irmãos na senda evolutiva."

Muitas vezes podemos achar que os Espíritos Superiores exageram na dose da duração de um processo obsessivo. Gostaríamos de relatar um caso ocorrido com o próprio Divaldo e revelado por ele em uma das suas brilhantes conferências. Ele conta que, desde os oito anos de idade, se lhe apresentou um Espírito obsessor que lhe fazia terríveis ameaças. Quando o menino Divaldo correu até a sua mãe dizendo que um fantasma o estava ameaçando, a senhora, que era católica, pendurou um crucifixo no pescoço do filho. O obsessor presente ao ato retrucou dizendo que colocar a cruz no pescoço era fácil, o difícil seria Divaldo suportar a cruz que ele, Espírito, iria colocar no ombro do seu perseguido. Segundo esse Espírito o problema havia se originado no século XIII. Vejam só! Sete séculos de persistência desse envolvimento. Divaldo relata em sua palestra algumas das situações de sofrimento que o obsessor lhe impôs durante muitos anos de perseguição, apesar das obras voltadas para o bem ao próximo que o nobre tribuno baiano já desenvolvia. O obsessor se fazia presente em quase todos os momentos do dia procurando levar algum tipo de aborrecimento ao seu perseguido. Um determinado dia deixaram uma criança recém-nascida na porta da Mansão do Caminho. Era uma menina muito feinha. Divaldo recolheu a criança com muito amor em seus braços e se dispôs a abrigá-la naquele lar após as providências legais para tal fato. Nesse momento o obsessor se apresenta e pergunta-lhe se ele iria realmente adotar aquela menina que era muito feia. Divaldo responde-lhe que sim, ela era um Espírito que retornava pela reencarnação a vivenciar mais uma experiência na Terra e ela seria muito amada naquele local. O obsessor começou então a chorar e revelou que aquela menina era a sua mãe que voltava, e a partir desse dia encerrou a sua perseguição.

Vemos, dessa forma, que um processo obsessivo pode se desenrolar realmente através de séculos somente sendo extinto pelo exercício do amor incansável. Portanto, é muito mais fácil deixar o "barro" secar para removê-lo com mais facilidade do que tentar limpar a "roupa" no momento agudo da sujeira. Ensina Joanna de Ângelis que toda forma de obsessão resulta de um inter-relacionamento interrompido pelas forças negativas da agressividade, do ódio, da traição, do crime ou das expressões do amor em desalinho, que destrambelham os sentimentos. ENQUANTO TEMOS TEMPO, vamos colocar o "barro" da nossa roupa espiritual a secar rapidamente sob o sol da tolerância, da compreensão, do perdão para que possamos removê-lo de forma mais rápida e mais fácil de nossos sentimentos.

Se, contudo, ficou alguma dúvida, recorramos ao *O Evangelho segundo o Espiritismo.*

"Reconciliai-vos o mais depressa com o vosso adversário, enquanto estais com ele no caminho, a fim de que vosso adversário não vos entregue ao juiz, e que o juiz não vos entregue ao ministro da justiça, e que não sejais aprisionado. Eu vos digo em verdade, que não saireis de lá, enquanto não houverdes pago até o último ceitil". (Mateus, cap. V, vv. 25 e 26)

"Há, na prática do perdão, e na do bem em geral, mais que um efeito moral, há também um efeito material. Sabe-se que a morte não nos livra dos nossos inimigos; os Espíritos vingativos perseguem, frequentemente, com seu ódio, além do túmulo, aqueles contra os quais conservaram rancor; por isso o provérbio que diz: "Morto o animal, morto o veneno", é falso quando aplicado ao homem. O Espírito mau espera que aquele a quem quer mal esteja preso ao corpo e menos livre, para o atormentar mais facilmente, atingi-lo em seus interesses ou em suas mais caras afeições. É preciso ver, nesse fato, a causa da maioria dos casos de obsessão, daqueles sobretudo que apresentam uma certa gravidade, como a subjugação e a possessão. O obsediado e o possesso são, pois, quase sempre, vítimas de uma vingança anterior, à qual, provavelmente, deram lugar pela sua conduta. Deus o permite para puni-los do mal que eles próprios fizeram ou, se não o fizeram, por terem faltado com indulgência e caridade, não perdoando. Importa, pois, do ponto de vista da sua tranquilidade futura, reparar mais depressa os erros que cometeu contra o próximo, perdoar seus inimigos, a fim de exterminar, antes de morrer, todo motivo de dissensões, toda causa

Receba em seu endereço, gratuitamente, a Revista de Livros EME, o Jornal Leitor EME, prospectos, notícias dos lançamentos e marca-páginas com mensagens, preenchendo o formulário abaixo e mandando-nos através de:

Carta: Cx. Postal, 1820 - 13360-000 - Capivari-SP
Fone/fax: (19) 3491-7000 / 3491-5449,
E-mail: atendimento@editoraeme.com.br ▫ **_Site:_** www.editoraeme.com.br

NOME:_____

ENDEREÇO:_____

CIDADE/EST./CEP:_____

FONE/FAX:_____

E-MAIL:_____

Fale conosco!!!

Queremos saber sua opinião sobre o livro: _____

(favor mencionar o nome do livro)

fundada de animosidade ulterior; por esse meio, de um inimigo obstinado neste mundo, pode-se fazer um amigo do outro; pelo menos coloca o bom direito do seu lado, e Deus não deixa aquele que perdoou ser alvo de vingança. Quando Jesus recomenda reconciliar-se o mais depressa com o adversário, não é somente com vistas a apaziguar as discórdias durante a existência atual, mas evitar que elas se perpetuem nas existências futuras. Não saireis de lá, disse ele, enquanto não houverdes pago até o último ceitil, quer dizer, satisfeito completamente a justiça de Deus".

Portanto, ENQUANTO TEMOS TEMPO, procuremos evitar que o "barro" atinja os nossos sentimentos, e se caso isso vier a ocorrer, vamos secá-lo com o perdão o mais rápido possível para podermos removê-lo com o menor trauma possível.

08

O terreno baldio

*Trabalho no tempo dissolve o peso de
quaisquer preocupações, mas tempo sem trabalho
cria fardos de tédio, sempre difíceis de carregar.*
– André Luiz (Chico Xavier)

CREIO QUE APÓS essa frase de André Luiz já temos muito
material para pensarmos durante muitas horas. Entretanto, deixe-me dividir com você que me dá a honra da leitura, uma história muito simples e profunda que li.

A mãe estava muito preocupada com os dois filhos que
só queriam brincar. Faltavam à escola, não estudavam em
casa, não faziam a lição escolar, viviam na rua caçando os
mais variados tipos de brincadeira que a imaginação infantil pode proporcionar. Creio que esse lar era pobre porque
não havia o computador para as aventuras perigosas pela
internet. Creio também que não deveria ter um bom televisor que hipnotizasse as crianças com os seus programas,
muitas vezes, tão vazios de conteúdo. O fato é que os meninos viviam na rua. Preocupada, um dia a mãe chamou os
dois e disse a um dos filhos:

— Gostaria que você fosse até o terreno baldio ao lado
esquerdo da nossa casa e me contasse o que encontrou
por lá.

A criança sorriu porque já havia decorado tudo o que o lote abrigava. Exatamente lá era um dos locais de suas brincadeiras, mas como a mãe pediu, ele satisfez o pedido materno.

— Mamãe, lá tem um monte de porcarias.

— Descreva-me, meu filho, o que você viu.

— Bom, tem latas velhas, pedaços de tijolos, vidros quebrados, jornais amassados, pedaços de roupa rasgadas, arames enferrujados e algum mato que insiste em crescer ali.

Dirigindo-se ao outro filho, a mãe pediu:

— Meu bem, agora suba na escada de nosso quintal e repare no terreno à direita da nossa casa e me diga o que você está vendo.

— Ora, mãe! Não é preciso subir na escada. Nesse terreno está construída a casa de nossa vizinha e nós sabemos que ela tem alguns pés de frutas, um jardim muito bonito e muito bem cuidado e a casa onde ela mora.

— Muito bem. No lote à nossa esquerda não há nada que sirva, que possa ser aproveitado?

— Lógico que não, mãe! – responderam os dois irmãos que conheciam o local onde brincavam nas longas horas sem fazer nada.

— E por que vocês acham que nesse terreno não existe nada que seja útil?

— Ora, mãe. Porque ele está vazio!

— Vejam que coisa, meus filhos! O coitado do terreno vazio, exatamente por não ser aproveitado para nada, está cheio de lixo! Da mesma forma acontece conosco: quando não aproveitamos nosso tempo com as coisas boas, acumulamos lixo no tesouro do tempo! Tempo ocioso recolhe tudo o que não presta e depois dá muito trabalho para ser limpo! Quem utiliza o seu tempo para o bem, não encontra tempo para acumular vícios, maldades e enganos de qualquer natureza!

E diante dos filhos que se entreolhavam, arrematou:

— Qual dos dois terrenos que vocês desejam ser: o cheio de lixo ou o outro com pomar, jardins e uma casa bem construída?

Pois é, depois que dirigi a pergunta a mim mesmo, a transfiro para você leitor e leitora amiga. Ensina André Luiz na página *Assuntos de tempo*, no livro *Sinal verde*, que se aproveitarmos o tempo a fim de melhorarmo-nos, o tempo aproveitar-nos-á para realizar maravilhas. Se analisarmos os dias dos grandes Espíritos que nos deixam boquiabertos em sua passagem pela Terra, neles não há o tempo ocioso. Os minutos são uma sucessão de trabalho construtivo. Não há espaço para que os entulhos mentais invadam suas mentes. Não há espaço para o convite do mal. Recordemos a vida de Francisco Cândido Xavier. Dias e noites repletos de trabalho em favor do próximo. Horas e horas madrugada adentro vendo, ouvindo e aconselhando os mais variáveis quadros de sofrimento alheio. Reparemos na vida intensa de Divaldo Pereira Franco e constataremos que não há tempo perdido. É sempre um investimento contínuo a serviço da necessidade que aflige o outro. Não há tempo sequer para deixar que a crítica dos sempre mal satisfeitos seja percebida e muito menos respondida. Como deve ter sido intensa a vida de Madre Teresa de Calcutá buscando em cada canto uma dor para ser consolada! Como deve ter sido repleta a vida de Irmã Dulce na Bahia sem tempo para analisar se tinha algum problema que a afligia a ponto de retirá-la do serviço no campo do Bem.

Afirma André Luiz que um tipo comum de verdadeira infelicidade é dispor de tempo para acreditar-se infeliz! Vejam que citação magnífica! Diante dela ficamos a pensar se a depressão não encontrasse a brecha do tempo vazio, se ela faria o estrago que faz a tantos milhares de pessoas. A depressão que é o grito da consciência endividada que aflora em nossas vidas, se nos encontrasse com as mãos no serviço ao próximo, teria paciência de esperar o seu momento para causar todo o mal que causa? Lembro-me de um caso de uma jovem que atormentada por um Espírito obsessor, perguntou a Chico Xavier o que deveria fazer para que esse Espírito a deixasse em paz. Chico recomendou a ela que trabalhasse no bem até desmaiar porque quando ficasse desacordada o obsessor não poderia atormentá-la.

Diz André Luiz que observemos quanto serviço se pode efetuar em meia hora. E se além de observarmos, passarmos a fazer, aniquilamos o tempo vazio com os seus convites para o desânimo, para a depressão, para o mau humor, para os comentários pessimistas e todo o cortejo de más inclinações que possamos imaginar nascidas desse tempo desocupado, desse "terreno" vazio.

Para concluir, o autor espiritual ensina que se o tempo somente nos traz desilusões é porque não temos feito outra coisa a não ser iludir-nos. Essa ilusão nos leva a crer que podemos matar o tempo enquanto ele nos leva a comprometimentos lamentáveis.

Como falamos fartamente sobre o tempo, vamos aproveitar ENQUANTO TEMOS TEMPO para que o nosso dia seja o terreno abençoado com jardins, pomares, flores, alegrias de consciências em paz pelo dever retamente cumprido...

09

O cartão de crédito

Depois de um problema, aguardar outros.
– André Luiz (Chico Xavier)

OS ESPÍRITOS SUPERIORES não podem mentir e não mentem. De maneira que, a afirmativa de André Luiz é realmente uma realidade. Muitas pessoas reclamam diante dessa verdade que após um problema podemos esperar outros, mas a afirmativa não é pessimista nem derrotista. É simplesmente uma realidade que iremos exemplificar na pequena história que se segue. Ou será que é uma realidade? Fica uma proposta para a sua análise.

Uma senhora recebeu um cartão de crédito, desses que chegam pela agência dos correios cheios de "bondade", cobrando "muito pouco" de anuidade, um verdadeiro presente de grego que leva o incauto a gastar como se não tivesse nunca que pagar. De posse do cartão, feliz da vida, ela dirigiu-se a um shopping. Parou diante de uma loja de sapatos e não resistiu: entrou, experimentou vários pares e finalmente saiu triunfante com um par de calçados do seu gosto. Antes de sair, evidentemente, dirigiu-se até o caixa e "zap", passou o cartão na máquina para o devido débito. Embalada pela felicidade da compra, deparou-se com uma vitrine onde vestidos tentadores estavam expostos. Olhou para o cartão de crédito dentro da bolsa e foi vencida pela tentação. Entrou e provou vários modelos até que achou um que parecia feito para ela. Derreteu-se toda e decidiu que levaria aquela roupa de muito bom gosto. Novamente dirigiu-se, como não poderia deixar de ser, ao caixa e "zap", de novo o cartão deslizou por entre as engrenagens do aparelho comandando o débito. Agora estava duplamente feliz: tinha um par de sapatos lindos e um vestido maravilhoso que combinavam!

Caminha de lá, caminha de cá dentro do shoping e, como num passe de mágica, apareceu em sua frente uma exposição de bolsas simplesmente irresistíveis. Novamente lá foi a senhora para dentro da loja e agora mais motivada ainda porque a bolsa deveria combinar com os sapatos e o vestido. Escolhe essa, examina aquela e pronto: parece que aquela bolsa havia sido feita para combinar com o par de calçados e o vestido. Incrível como essas lojas parecem adivinhar do que as pessoas gostam, pensava a mulher do cartão de crédito. Antes de sair, é claro, novamente o cartão foi engolido pelo "zap" da máquina que, mais uma vez, comandou outro débito.

Foi feliz para casa no fim daquela tarde. Nem se lembrava e muito menos se preocupava com o dia em que as despesas se aninhariam em sua conta bancária, esburacando-a. Mas, independente do nosso esquecimento ou da nossa descrença, o dia de pagar as despesas do cartão chegou e a mulher desesperou-se. Era muito dinheiro! Como iria fazer, meu Deus?! Correu até o banco onde recebeu a informação que a dívida estava na sua conta corrente. Afinal, havia sido autorizada em cada vez que o "zap" do cartão passava pela maquininha faminta das lojas que percorrera.

Reclama daqui, resmunga de lá, mas outra solução não havia. A dívida previamente autorizada chegara e precisava ser paga, custasse o que custasse, doesse o que doesse.

Por isso que André Luiz tem razão: depois de um problema, aguardar outros. Somos compradores de sofrimentos uma vez que – "zap" – passamos nosso orgulho, nossa vaidade e egoísmo na "máquina" da vida, ofendendo ao semelhante.

Joanna de Ângelis afirma algo semelhante no livro *Vida: desafios e soluções*, pela psicografia de Divaldo: "Problema solucionado significa patamar vencido e novo desafio de crescimento adiante, porque é assim a constante da vida humana em seu sentido de evolução."

Quando somos criados por Deus, recebemos uma espécie de cartão de crédito para investirmos no Bem. O mal, o sofrimento, não fazem parte da Lei Divina. São acidentes em nossa jornada evolutiva trazidos pela opção pelo mal que fazemos. Quando resolvemos falar mal de alguém passando adiante uma maledicência: "zap", passamos o cartão na contabilidade da vida que agenda o pagamento futuro. Quando matamos alguém: "zap", passamos o cartão na contabilidade da vida para futuro acerto. Quando uma pessoa faz a opção pelo estupro lesando profundamente ao seu semelhante: "zap", passou o cartão de débito na contabilidade da vida para futuros reencontros não agradáveis. Quando a corrupção passa a fazer parte da rotina de alguma pessoa: "zap", está, embora não acredite, passando o cartão da consciência na máquina da contabilidade da vida para futuro reajuste. É evidente que não acredita nisso porque senão não permaneceria no erro. Só que a descrença de quem erra não invalida a Lei.

A senhora da nossa história também não se deteve diante das várias tentações para as compras que chegaram mais tarde para o devido acerto. Vamos "fazendo compras" nas lojas dos erros e passando o cartão para o pagamento futuro que chega.

Relembremos mais uma vez Joanna de Ângelis no livro *Plenitude*, psicografia de Divaldo: "Semelhante ao que sucede na área civil, o delinquente primário tem crédito que lhe suaviza a pena e, mesmo ante os gravames pesados, logra certa liberdade de movimento sem ter a liberdade totalmente cerceada. O reincidente é convidado à multa e prisão domiciliar, conforme o caso, no entanto aquele que não se corrige é conduzido ao regime carcerário e, diante de leis mais bárbaras, à morte infamante.

Guardadas as proporções, nos primeiros casos, o infrator espiritual é conduzido a provações, enquanto que, na última hipótese, à expiação rigorosa. Porque o amor de Deus vige em todas as Suas leis, mais justas do que as dos homens, seja qual for o crime, elas objetivam reeducar e conquistar o revel, não o matando, isto é, não o extinguindo. Jamais intentam vingar-se do alucinado, antes buscam recuperá-lo, porque todos são passíveis de reabilitação."

Vemos assim, confirmando André Luiz, que findo um problema podemos aguardar outros porque não nos cansamos de passar o nosso cartão – "zap" – na máquina da Vida endividando-nos para futuros reajustes.

"Eu vos digo em verdade, que não saireis de lá, enquanto não houverdes pago até o último ceitil." (Mateus, cap. V, v. 25, 26). Quem não deseja, portanto, pagar, não faça débitos, principalmente diante da Lei Universal.

ENQUANTO TEMOS TEMPO, vamos guardar nosso

cartão de débitos perante a Lei maior que determina que toda ofensa ao Amor Universal tenha agendamento para a devida reparação. A nossa sorte é que a apresentação dessa conta no banco da Vida é feita em suaves parcelas reencarnatórias...

10

O bambu e o serviço

O trabalho de qualquer natureza, quando enobrecido pelos sentimentos, é o amor em atividade. O horizontal mantém o corpo, o vertical sustenta a vida. Pode ser realizado com caráter beneficente, sem remuneração habitual ou mesmo de gratidão, da simpatia, feito com abnegação, em cujo tempo de execução o ser se encontra consigo próprio e desenvolve os valores reais do Espírito, compreendendo que servir é meta existencial, e amar é dever de libertação do ego em constante transformação.
– Joanna de Ângelis.

NUM GRANDE TERRENO, cercado por flores muito belas e o canto de pássaros felizes que ensaiavam no ar o seu bailado incansável, vivia um altaneiro bambu. Como ele era belo e altivo, destacava-se dos demais moradores do local. Até mesmo uma fonte cristalina e murmurante detinha-se entre o seu trabalho diuturno para observá-lo. Como era alto aquele bambu! Sua ponta pareciam dedos que desejavam acariciar a mais elevada das nuvens. Caule forte e flexível zombava do vento forte, executando um verdadeiro bailado com seus pés fincados no solo de maneira segura. Seus ramos finos pareciam a batuta de um maestro que comandava as próprias folhas que mais pareciam dedos a deslizar sobre as teclas de um formoso instrumento musical.

Mal o sol anunciava um novo dia e lá estava o feliz bambu a cumprimentar a vida. Acenava para os pássaros e fazia reverência à velha e trabalhadora fonte que alimentava uma região muito grande em redor de onde servia. Não pense você que o bambu era orgulhoso. Não era. Pelo contrário, alimentava o sincero desejo de servir ao seu dono. Manifestava isso anunciando com seu bailado ao vento que estava ali para servir ao seu senhor da melhor maneira possível na ocasião que ele julgasse a mais correta. E passava os dias felizes de sua existência como a criança descompromissada perante a vida cuja única ocupação era brincar daquilo que mais gostava.

Um dia, porém, como sempre existe um dia na vida de todas as criaturas, foi abordado pelo seu senhor que anunciou:

— Meu bambu preferido. Você sabe o quanto gosto de você. Entretanto, chegou o dia em que preciso do seu serviço para algo muito importante.

E o bambu feliz por ter chegado o dia de servir ao seu senhor, fez uma reverência com o auxílio do vento como a dizer:

— Senhor, estou aqui para servi-lo! Fico feliz que esse dia tenha chegado.

Naquele tempo as criaturas humanas podiam ouvir as plantas porque havia respeito entre o homem e a Natureza. E o dono do bambu continuou a conversa:

— Sim, meu amigo. Só que devo informá-lo que para esse serviço devo executar a sua poda.

O vento até parou diante daquele anúncio. Então o bambu altaneiro seria podado?! Pois na sua beleza natural, no seu porte atlético, estava o segredo da sua existência! Como cortar os galhos se eles eram exatamente os componentes da beleza daquela planta?! O bambu se entristeceu e olhando o seu senhor bem nos olhos, exclamou:

— Mas senhor, como poderei servi-lo se cortar meus galhos que vivo a agitar como se fossem braços poderosos?

Ao invés de responder, o homem fez uma outra observação:

— Pois é, meu amigo. Além de podá-lo terei que arrancar todas as suas folhas.

Os pássaros silenciaram o seu canto e pararam no espaço diante do que ouviam. Além de cortar os galhos do altaneiro bambu, arrancar-lhe as folhas também?! Como servir a alguém diante de uma agressão dessas?! E o homem continuou:

— Não somente isso, meu amigo. Se você deseja servir-me como sempre anunciou, vou ter que cortá-lo ao meio e arrancar-lhe o coração.

Era demais para o pobre e antes feliz bambu. O que teria feito – pensava ele – ao seu dono para que o serviço exigisse a sua própria morte? Entretanto, sempre fiel à sua promessa repetida e anunciada aos quatro ventos, o bambu, embora de coração dilacerado, respondeu:

— Se para servi-lo é necessário tudo isso, senhor, seja feito o que for necessário! Mantenho minha palavra anunciada aos pássaros, ao vento e à fonte que vivem nesse local.

— Então, amanhã, virei tomar todas as providências para que você se transforme em algo inesquecível para muita gente e a sua memória seja perpetuada nesse local.

O bambu nada respondeu. Com o auxílio da brisa que passava, fez uma reverência diante do seu senhor em sinal de anuência.

Naquela noite que antecedia à sua morte, os pássaros da região aninharam-se entre os galhos do bambu. A fonte desviou um pequeno filete de sua água como se suas mãos tocassem o velho e querido amigo em sinal de despedida. As flores permaneceram abertas a noite toda levando até ele o abraço do seu perfume.

Naquela manhã, antes que o sol se levantasse, o orvalho da noite ajudou o bambu a chorar em sua despedida da vida, dos amigos e daquele local que tanto amava.

O senhor do bambu chegou bem cedo e executou o serviço que havia anunciado. O bambu foi cortado em seus galhos, arrancadas as suas folhas e aberto no meio e extraídos todos os seus nós internos. No fim da tarde jazia a planta, antes altiva, jogada ao chão como objeto sem utilidade. Mas também, dando continuidade aos propósitos daquele homem, o bambu foi levado até um terreno próximo onde uma garbosa nascente rompia o solo com muita determinação. O senhor do bambu foi estirando o vegetal sem vida e aberto ao meio desde a nascente até um solo árido necessitado do precioso líquido. Várias canaletas foram feitas com os pedaços do bambu estabelecendo contato entre a nascente e o chão necessitado de irrigação.

Após um ano, o solo antes árido e improdutivo cobria-se de milho, de feijão, de arroz e de vários outros tipos de alimento levando esperança e alegria à população antes faminta. A morte e a retaliação do corpo do bambu havia propiciado vida e vida em abundância aos necessitados. Dizem que lá do mundo onde os vegetais sobrevivem após o trabalho na Terra, um bambu que era a cópia exata daquele que havia sido decepado, agradecia ao sacrifício que permitira-lhe ter sido útil em sua existência entre os homens.

Meu amigo, minha amiga, a proposta da Providência Divina é que nos permitamos ser o canal que liga o socorro ao necessitado. O mais forte ao mais fraco. O consolo ao desesperado. A esperança ao desanimado.

Você já serviu de canaleta, a exemplo do bambu, entre o bálsamo de Deus e as inúmeras regiões de sofrimento que existem na vida?

Dentro do seu lar você tem permitido a Deus valer-se daquele pouco que você pode oferecer para que a paz se estabeleça e o lar seja algo mais do que um simples abrigo de alvenaria? Você tem sido a canaleta para que o diálogo entre você e a sua esposa ou você e o seu marido possa vicejar com sucesso? Dentro do seu lar você tem tido a coragem do bambu garboso que permitiu a dilaceração para que entre ele e a terra ressequida se refizesse as condições de vida? Como tem se saído na função de canaleta entre a sua atenção e o seu filho que precisa do diálogo? Você tem permitido a Deus utilizá-lo como a canaleta do carinho entre você e o pai velhinho repleto de amarguras e limitações da velhice? No Centro Espírita que você frequenta, os Espíritos amigos têm encontrado na sua pessoa o canal, a canaleta do bom ânimo, da boa vontade entre você e aquele que chega ao Centro necessitando do auxílio dos desencarnados e encarnados? Você tem sido a canaleta da concórdia entre seus companheiros de atividades da Casa espírita que frequenta? Você tem conseguido ser a canaleta entre o consolo de Deus e a pessoa doente? Entre a criança órfã e o carinho que possa proporcionar?

Quantas oportunidades de serviço quando nos permitimos ser ceifados de nosso lugar de descanso e sossego, para servirmos nos locais onde o sofrimento entoa triste melodia rogando o socorro do Céu! A exemplo do bambu que se permitiu podar, ser cortado e picado em pedaços, muitas vezes o serviço exige de nós essa preparação prévia para que possamos nos acomodar como servidores.

Podar o orgulho para que possamos ceder. Podar a vaidade para que possamos ser humildes. Podar o egoísmo para que aprendamos a doar.

Como não lembrar de Francisco Cândido Xavier que sofreu tantas podas, tantos sacrifícios no trabalho incansável no campo do bem? Chico foi o canal que sofreu todas as adaptações para servir. Aceitou diversas podas para atingir a cada coração necessitado. Hoje, contemplando o terreno árido dos sofredores da Terra, podemos dividi-los em antes do Chico e depois dele. E agora, quando das esferas luminosas da espiritualidade ele contempla o que vicejou nos inúmeros locais que ele irrigou com o seu amor através da canaleta da renúncia de si mesmo, um exército de pessoas socorridas louva a Deus por Chico ter existido.

ENQUANTO TEMOS TEMPO permitamos que a lavoura de Deus nos conduza aos corações necessitados de qualquer tipo de socorro, por mínimo que seja ele, para onde poderemos escoar a grande verdade do amor ao próximo.

11

Para o céu ou para o inferno?

VAMOS ANALISAR QUAL vai ser o nosso destino após a morte do corpo físico? Pois então, vamos. Os Evangelistas Marcos, Mateus e Lucas nos descrevem o encontro de Jesus com um jovem muito rico que perguntou ao Mestre o que deveria fazer para adquirir a vida eterna. Jesus disse a ele que deveria guardar os mandamentos: não matar, não furtar, não cometer adultério, não dizer falso testemunho, honrar pai e mãe e amar ao próximo como a ele mesmo. O jovem, que não sabia ao certo diante de quem ele estava, respondeu que respeitava a todos aqueles mandamentos desde a juventude e perguntava o que estava, portanto, faltando a ele para que conquistasse o céu. Jesus que conhecia profundamente a todos, respondeu-lhe que deveria vender tudo o que possuía e doar aos pobres para ganhar a vida eterna. O moço, que tinha muitos bens, foi-se embora muito triste e nunca mais voltou. Pelo menos naquela reencarnação.

Jesus então, disse aos seus discípulos: *Em verdade vos digo que é bem mais difícil que um rico entre no reino dos céus. Digo-vos ainda uma vez: É mais fácil um camelo passar pelo buraco de uma agulha, do que um rico entrar no reino dos céus.*

Seria a pobreza um passaporte para o céu? A riqueza seria uma condenação prévia ao inferno? Como então, Deus escolheu aqueles que seriam pobres e os que seriam ricos? Por que deu a uns o céu através da pobreza e a outros a condenação através da posse da riqueza? Como espíritas sabemos que céu e inferno como um lugar determinado não existem. A paz ou o desespero de cada ser após a morte está na consciência da pessoa. Entretanto, para efeito de raciocínio, mantenhamos o termo usado na passagem evangélica: *reino dos céus.*

Como a doutrina espírita nos convida ao aprendizado, vamos esclarecer esse despropósito que Jesus não cometeu ao comparar a passagem de um camelo pelo fundo de uma agulha com o rico entrar no reino do céu.

Quem nos esclarece é o saudoso companheiro Paulo Alves de Godoy em um dos seus excelentes livros – *Crônicas evangélicas* – onde nos ensina: 1.°) entre os antigos judeus o vocábulo *camelo* não se aplicava tão somente ao animal, mas também à corda confeccionada com o pelo desse animal. Portanto, a passagem evangélica ganharia mais sentido porque ao se referir a possível passagem de um camelo por uma agulha, o real significado seria da corda feita com o pelo desse ruminante passando pelo fundo da agulha e não a ele mesmo. A segunda explicação é a de que *Fundo da Agulha*, era uma passagem que existia na antiga Judeia, situada na encosta de um monte, passagem essa por onde todos os viajantes e mercadores tinham que passar com os seus camelos carregados de mercadoria. Era uma espécie de alfândega onde se pagava tributos. Nessa interpretação, a lição de Jesus significaria que era mais fácil um camelo carregado de mercadorias passar pelo *Fundo da Agulha* sem pagar impostos do que o rico entrar no reino de Deus.

Independente de qual explicação você desejar, gostaria de fazer algumas colocações que nos permitirá saber, afinal, para onde iremos: céu ou inferno?

Aquela pessoa que não possui uma casa para morar, que paga aluguel todo final de mês com muito sacrifício, irá para o céu já que não é rica, correto?

Aquele que só tem um carro usado já bastante gasto porque precisa dele para o trabalho de cada dia, vai para o céu já que não é rico, correto?

Aquela pessoa que só tem um par de sapatos para trabalhar e para sair eventualmente, vai para o céu porque é pobre, correto?

Aquela pessoa que vive trabalhando muito para cobrir o cheque especial que vive estourado por pagar despesas indispensáveis, vai para o céu porque não é rica, correto?

Aquela família que só tem o feijão com arroz, uma verdurinha e uma carne de segunda para comer vai para o céu porque não é rica, correto?

Aquela pessoa que mal tem um cobertor bem fininho para as noites de inverno vai para o céu porque é pobre, correto?

Aquela pessoa que vai a pé para o trabalho todos os dias porque não tem dinheiro sequer para pagar o ônibus ou o metrô vai para o céu porque é pobre, correto?

Aquela família que não tem dinheiro nunca para tirar umas férias vai para o céu porque é pobre, correto?

Aquela pessoa que no Natal tem que comer arroz com feijão e salada vai para o céu porque é pobre, correto?

A pessoa que se veste com roupa usada ganha dos outros vai para o céu porque é pobre, correto?

Se você achou as colocações corretas, acho bom atentar

para os ensinamentos de André Luiz no livro *Sol nas almas*, 14.ª edição da CEC:

"Malsinamos comumente os sovinas do dinheiro, como se a avareza atacasse apenas os detentores de riqueza material.

Entretanto (muita atenção!), *existem outras propriedades, e todos as possuímos de uma forma ou de outra, das quais prestaremos contas*, em se tratando da repartição necessária.

Anotemos algumas delas *perguntando a nós mesmos o que estamos fazendo de semelhantes valores no enriquecimento da vida.*

Tempo – Que estamos fazendo com as horas ou minutos disponíveis para servir aos semelhantes?

Compreensão – Quantas são as ocasiões em que temos sofrido, em silêncio, acusações e pedradas gratuitas por amor à família ou à coletividade em que a Providência Divina nos situou?

Virtude – Que edificamos com as qualidades morais de que nos supomos portadores em favor daqueles que são considerados destituídos delas?

Títulos – Que valem os pergaminhos que ostentamos no alívio às inquietações e sofrimentos alheios?

Amizades – Que lucros auferem nossos companheiros menos felizes das afeições que alimentamos?

Recordemos nossas aptidões, conhecimentos e possibilidades, quaisquer que sejam, e estejamos certos de que *são também propriedades, muito mais importantes que as posses do ouro e terra, casas e joias, pelas quais seremos naturalmente inquiridos por nossa atitude e procedimento para com eles.*"

E agora meu amigo e minha amiga, como ficamos diante da riqueza que possuímos em relação a irmos para o céu ou para o inferno?

Conforme ensina André Luiz, temos inúmeras riquezas que valem muito mais do que as posses materiais e pelas quais responderemos.

O que temos feito com a luz de nossos olhos em favor daqueles que não a possuem?

Que temos feito com nossos braços e pernas perfeitas, capazes de nos conduzir onde quisermos, em favor daqueles que aguardam a nossa visita de solidariedade?

Que temos feito do tesouro de poder falar em favor daqueles que precisam ouvir uma palavra de consolo, de orientação?

Que temos feito da capacidade de raciocinar em favor daqueles que nos agridem por não entenderem a vida como temos a felicidade de compreendê-la?

Nós que possuímos a fortuna de um lar aqui na Terra como temos nos comportado em relação àqueles que vivem nos orfanatos e nos asilos?

Como temos nos comportado diante de nossa mesa farta em relação àqueles que não possuem um pedaço de pão para mitigar a fome?

Quantos agasalhos ainda jazem esquecidos e sem uso no interior de nosso guarda-roupa enquanto tantos caminham com vestes rasgadas?

Quantos pares de sapatos contemplamos em nosso criado-mudo enquanto pés feridos caminham sobre as agruras dos caminhos?

O que temos feito com o conhecimento que a Doutrina Espírita nos proporciona em relação àqueles que desconhecem o mundo espiritual, a reencarnação, a lei de causa e efeito, a comunicabilidade dos Espíritos?

São tantos os tesouros que possuímos sem ser o dinheiro, que todos somos imensamente ricos aos olhos das Leis que determina dar a cada um segundo as suas obras! E dessa riqueza também prestaremos conta um dia. E essa riqueza é capaz de fazer um camelo passar pelo fundo de uma agulha do que entrarmos no reino dos céus se agirmos com egoísmo com aquilo que detemos e que muitos, muitos mesmo, não possuem.

Muito *O Evangelho segundo o Espiritismo* tem a nos ensinar sobre o assunto em questão no capítulo XVI, mas vamos reproduzir um pequeno trecho para encerrarmos nosso assunto para que você possa responder com segurança: para o céu ou para o inferno?

"Ao viajor que chega a uma estalagem, se dá um belo alojamento se pode pagá-lo; àquele que pode pouca coisa, se dá um menos agradável; quanto àquele que nada tem, vai deitar sobre a palha. Assim ocorre com o homem na sua chegada ao mundo dos Espíritos: seu lugar nele está subordinado ao que tem; *mas não é com o ouro que o paga*. Não se lhe perguntará: Quanto tínheis sobre a Terra? Que posição nela ocupáveis? Éreis príncipe ou operário? Mas, se lhe perguntará: O que dela trazeis? Não se computará o valor dos seus bens nem dos seus títulos, mas a soma das suas virtudes; *ora, a esse respeito, o operário pode ser mais rico do que o príncipe*. Em vão alegará que, antes da sua partida, pagou a sua entrada em ouro e se lhe responderá: Os lugares aqui não se compram, eles se ganham pelo bem que se fez; com o dinheiro terrestre, pudestes comprar campos, casas, palácios; *aqui tudo se paga com as qualidades do coração. Sois rico dessas qualidades? Sede bem-vindo, e ide ao primeiro lugar onde todas as felicidades vos esperam; sois pobre? Ide ao último, onde sereis tratado em razão do que tendes.* (Pascal, Genebra, 1860).

Mais uma vez *O Evangelho segundo o Espiritismo* destaca que as qualidades do coração representam a moeda que "compra" um bom lugar na estalagem espiritual. Podemos ser pobres materialmente falando e não possuirmos essas qualidades. Podemos viver a provação da riqueza e angariarmos essas qualidades exatamente sabendo utilizar os recursos financeiros para amparar aqueles que nada possuem.

Dizem que os ricos vivem constantemente duas profundas angústias: a primeira de sempre ter que acumular mais e mais; e a segunda de nunca perder nada.

Podemos dizer que a pobreza também nos impõe dois profundos desafios: o de nunca reclamar e o segundo de perseverar na honestidade.

Qual das duas situações nos permite conquistar as qualidades do coração, moeda utilizada no mundo dos Espíritos?

Após você ter chegado até aqui, como fica a pergunta: afinal, para onde você vai após a morte do corpo?

ENQUANTO TEMOS TEMPO, saibamos agir, com dinheiro ou sem ele, para que possamos passar pelo fundo da agulha de nossas provações a caminho do reino de Deus.

Como a resposta somente interessa a você, vou me retirando com a sua devida licença...

12

A casa em reforma

A CASA DAQUELE quarteirão estava em processo de reforma. Uma reforma para valer. Telhado posto abaixo; encanamento refeito; fiação elétrica sendo trocada em sua maioria; piso sendo modificado. Apenas as paredes antigas e solitárias permaneciam em pé como sentinelas de um tempo que já havia passado. Até mesmo as portas e janelas haveriam de ser outras.

A vizinhança acompanhava aquela reforma como se fosse o desenrolar de uma novela de capítulos interessantes.

Logicamente, os comentários da vizinhança entendida nos problemas alheios, não faltavam:

— Se era para desmanchar tudo desse jeito, por que não derrubaram as paredes também?

— Seria mais fácil comprar um terreno sem construção nenhuma e começar tudo do zero, com uma planta nova.

— Tem gente que gosta de fazer as coisas da maneira mais difícil. Não seria mais fácil começar uma construção nova do que remendar o que ficou em pé?

— Gastar tanto dinheiro e sempre vai ser uma casa reformada.

— Estão trocando tudo. Daqui a pouco a casa troca até de dono.

— Que absurdo! Uma casa tão velha! Para que deixar

só as paredes em pé? Não seria mais fácil derrubar tudo de uma vez?

Até que, entre tantos comentários desinteressantes que revelavam a bisbilhotice improdutiva na vida alheia e a falta de ter o que fazer, surgiu um comentário interessante:

— Pessoal. Se a casa não foi desmanchada por inteiro é porque alguma coisa de boa havia nela! Não permaneceu tantos anos de pé? Aquilo que está em bom estado foi poupado e servirá como uma espécie de guia para a reforma que está em andamento!

Diante dessa observação que revelava uma dose maior de bom-senso, os comentários desnecessários foram perdendo força e a reforma pôde continuar sem as vibrações negativas da vizinhança que jogava o tempo fora pela janela de sua casa, tomando conta da casa dos outros.

• • •

Você já morou em uma casa em reforma extensa e profunda? Dessas reformas onde somente as paredes permanecem em pé como se a ditar rumo para aquilo que vem depois? Pense um pouco e não se precipite na resposta para não correr o risco de errar. Nunca morou? Não mesmo?

Vou dar para você uma pista através de um ensinamento de André Luiz, em seu livro *Sol nas almas*: "Casa em reforma segura precisa aguentar ordens de arquitetos, martelos de pedreiros, alicates de eletricistas, vassouras de garis".

Ainda está confuso? Você não sabe responder se já morou ou não em uma casa com reforma, dessas que põe quase tudo abaixo? Vou auxiliá-lo um pouco mais valendo-me das orientações de André Luiz. Preste atenção nas linhas abaixo e vai, com certeza, acertar a resposta:

"Convencionou-se nomear como sendo reforma qualquer alteração que se pretenda imprimir nas atividades de relação, no sentido de melhorar as condições da vida comum.

Entretanto, considerando reforma por "reformulação" ou "forma nova" disso ou daquilo, ser-nos-á lícito falar de reforma espírita, dentro das tarefas a que somos chamados no Cristianismo renascente.

E atendendo-se a que toda renovação em Espiritismo começa por dentro de cada um, independentemente de compressões exteriores, destaquemos algumas das reformas inadiáveis no *estado íntimo*, como sendo medidas que nos cabem adotar em regime de urgência".

Creio que agora a sua resposta será a de que todos estamos em reforma na escola do Planeta Terra. Dessa reforma íntima que muitas vezes exige uma verdadeira demolição do corpo material que nada mais é do que o reflexo do desequilíbrio do nosso campo moral.

Quando a voz do amor se torna inacessível aos ouvidos da nossa consciência, a dor precisa executar a sua tarefa através de todo o "pessoal" envolvido na reforma necessária. Nessas ocasiões, os arquitetos espirituais convocam os pedreiros, os carpinteiros, os encanadores, os eletricistas, os serralheiros, representados pelas dificuldades da vida, pelos obstáculos do caminho, pelos parentes complicados, pelos filhos problemáticos, pela dificuldade financeira, pelas enfermidades, pela ausência de um lar, para que a reforma necessária seja feita.

Essa reforma é feita porque existe sempre alguma coisa

boa a ser aproveitada em cada ser humano, porque a nossa origem é o Criador. Essa parcela de esperança que Ele depositou em cada um dos seres de Sua criação, faz com que os envolvidos na reforma não desanimem em concretizá-la. Seremos reformados ao longo da estrada em busca da perfeição. Por isso residimos em locais com diversas provações que nos reformam intimamente e que é o nosso corpo físico, como se fôssemos uma casa quase completamente demolida.

Entretanto, como tenho a certeza de que você não gostaria de sofrer a reforma pela equipe da dor, trago as sugestões de André Luiz para que a reforma seja executada pelos operários do amor. Vamos a elas:

"HORAS – Decretar para si mesmo orientações necessárias contra o desperdício das horas, valorizando as sobras de quaisquer minutos de que se possa dispor na feitura de algo proveitoso.

POSSES – Criar disciplinas pessoais contra o egoísmo, renunciando à detenção do supérfluo em favor dos que se encontram em dificuldades mais amplas que as nossas.

PALAVRAS – Traçar determinações a si próprio contra a pompa verbal e contra as conceituações infelizes, a fim de que a simplificação nos auxilie a ser eloquentes sem exagero e tranquilos sem displicência.

EMOÇÕES – Reduzir o teor da sensibilidade para que melindres e queixas não solapem os benefícios da reencarnação.

PEDIDOS – Verificar criteriosamente a extensão de nossas solicitações e exigências diante dos outros e limitá-las ao estritamente necessário, ao mesmo tempo em que devemos empenhar atenção e diligência em aumentar prestações de serviço.

PREOCUPAÇÕES – Auxiliar-se, alijando aflições desnecessárias, cogitando apenas daquelas que traduzam vantagens reais para nós e para os que nos rodeiam.

HÁBITOS – Ordenar a extinção de práticas indesejáveis e a diminuição gradual ou a erradicação imediata dos costumes sem utilidade de qualquer natureza."

Com esses "operários do Bem" estaremos realizando uma reforma difícil em nosso interior, sem contudo deitar a casa abaixo como se costuma dizer.

ENQUANTO TEMOS TEMPO, reformemos a nós mesmos, iluminando a consciência e promovendo o reajustamento do ponto de vista individual, com base nos deveres cristãos, *sem os quais toda metamorfose externa é apenas mudança de roupa, sem mudança de jeito*!

Segundo André Luiz, evidentemente.

13

O bambu mossó

Não sei se você conhece o bambu mossó que se planta em jardim. É uma planta que se parece com uma longa vara de pesca. Do seu tronco partem muitos ramos fininhos que por sua vez se cobrem de pequenas folhas verdes. No jardim de casa tem um desses, ou melhor, tinha um desses porque o pé morreu, mas permaneceu no local apontando para o alto com os seus ramos nus. Tivemos dó de arrancá-lo e no local permanece já por um ano e meio.

Um dia desses, passando por ele, tive uma ideia: porque não tornar o bambu útil novamente? De que maneira? Plantaria uma trepadeira com delicadas flores lilases que iria se aninhar nos ramos ressequidos do bambu como a ave se espreguiça na segurança de um ninho. Pensei, falei e fiz.

Devagarinho, como quem chega de forma acanhada, a trepadeira foi se enroscando no tronco forte, embora sem vida, do bambu e acabou sendo bem recebida.

Com o passar dos dias, dos meses, apoiando-se no caule rígido, a planta frágil foi se espreguiçando e aninhando-se por entre os delicados ramos do bambu mossó ressequido.

Em poucos meses as flores cobriram o esqueleto morto da primeira planta. A beleza voltou ao local. As abelhas e os beija-flores voltaram a visitar o jardim. E o antigo bambu reviveu através da beleza da delicada trepadeira com suas mimosas flores lilases. Virou uma atração do jardim. Ninguém conhecia aquela trepadeira que era um misto de bambu e flores delicadas.

Fiquei a pensar que também podemos servir de apoio para muitas pessoas que procuram uma nova chance, uma palavra amiga, uma oportunidade renovada.

No jardim da existência sempre podemos estender o braço amigo, a palavra de consolo para que novas flores desabrochem na alma de alguém...

• • •

André Luiz, no livro *Agenda cristã*, da lavra mediúnica de Chico Xavier, nos ensina na página intitulada *Aprenda com a natureza*, que:

"Resplandece o Sol no alto, a fim de auxiliar a todos.

As estrelas agrupam-se em ordem.

O céu tem horários para a luz e para a sombra.

O vegetal abandona a cova escura, embora continue ligado ao solo, buscando a claridade, a fim de produzir.

O ramo que sobrevive à tempestade cede à passagem dela, mantendo-se, não obstante, no lugar que lhe é próprio.

A rocha garante a vida no vale por resignar-se à solidão.

O rio atinge os seus objetivos porque aprendeu a contornar obstáculos.

A ponte serve ao público sem exceções, por afirmar-se contra o extremismo.

O vaso serve ao oleiro, após suportar o clima do fogo.

A pedra brilha, depois de sofrer as limas do lapidário.

O canal preenche as suas finalidades, por não perder o acesso ao reservatório.

A semeadura rende sempre, de acordo com os propósitos do semeador".

Vemos por essas lições da Natureza que é Deus visível para os olhos de quem deseja realmente ver, que tudo se exercita em serviço na obra da criação. Serviços úteis em favor de alguém ou de alguma coisa. Na Natureza tudo visa acrescentar, tudo trabalha para que o cumprimento das leis seja alcançado.

Entretanto, quando esse apelo ao serviço em favor de todos chega até o homem, ele encontra o obstáculo do egoísmo. Tanto isso é verdade que o próprio André Luiz afirma que *devemos ajudar com a oração a todos aqueles que jamais encontram tempo ou recursos para serem úteis a alguém!* Releiam essa frase. André Luiz considera a pessoa que se entrega à preguiça, ao egoísmo, um enfermo necessitado de nossas orações. Enfermo porque destoa dos objetivos maiores da Criação. Quem de nós e quando teremos a disposição para servir a alguém como o bambu do jardim, apagando-nos para que o outro floresça? E vejam bem: aquela planta estava morta! Nós estamos condenados à Vida para sempre, felizmente. Convocados a participar de alguma forma construtiva em favor de um mundo melhor onde viremos habitar na jornada evolutiva.

Ensina Joanna de Ângelis, que *o amor ao próximo é consequência daquele que se dedica ao Criador, demonstrando a fraternidade que a todos deve unir por Lhe serem filhos diletos que marcham de retorno ao Seu seio.*

Da mesma maneira, Joanna ensina que o amor ao próximo pode ser definido como companheirismo, solidariedade no sofrimento e na alegria, amizade nas situações embaraçosas, capacidade de desculpar sempre, produzindo uma vinculação afetiva, que suporte atritos e os conflitos típicos de cada qual. Muitas vezes não temos essa visão do amor porque confundimos amor com paixão. São sentimentos absolutamente diferentes.

Quando conseguimos realizar alguma dessas alternativas, estamos procedendo como o bambu mossó do jardim, permitindo ao outro que floresça de novo.

Joanna completa o seu ensinamento de maneira magistral quando coloca que esse amor é diferente daquele que deve ser oferecido ao inimigo em nosso estágio evolutivo. Muitas pessoas não conseguem entender o ensinamento de amar ao inimigo. Não conseguem proceder dessa maneira o que é muito compreensível para o nível evolutivo em que nos encontramos. O ideal seria não ter inimigos como o ideal seria também ter muitas outras qualidades que ainda não possuímos. Mas enquanto isso não é possível, atentemos para o que ensina Joanna. Amar a esse antagonista é não lhe retribuir a ofensa, não o detestar, não o conduzir no pensamento, conseguindo libertar-se da sua diatribe (crítica feroz) e agressividade. Quando agimos assim, quando conseguimos sentir e proceder dessa maneira, estamos também nos tornando o bambu mossó do jardim para que a flor do perdão pleno desabroche em nossa alma.

ENQUANTO TEMOS TEMPO, nos transformemos no bambu mossó do jardim da existência onde tantas pessoas necessitam de um minuto de apoio que lhes faça a diferença entre continuar tentando ou desistir...

14

A antena

"Deus é amor", afirmava João.

"Meu Pai, dizia reiteradamente Jesus, conceituando-O
da forma mais vigorosa e perfeita que se possa imaginar".
– Joanna de Ângelis.

NA ALEMANHA ORIENTAL existe uma construção altíssima que abriga em seu topo uma antena de televisão. Essa construção alcança quase 380 metros de altura, constituindo-se na mais alta da Europa, inclusive mais alta do que a torre Eifel em Paris.

Antes do final dessa construção existe um restaurante giratório revestido com placas de metal que brilham quando o sol incide sobre elas. Dependendo do ângulo dessa incidência pode se ver desenhada pelos raios solares uma cruz brilhante.

Um ônibus com turistas em seu interior passava pelo local quando a guia chamou a atenção para o desenho da cruz na parte metálica da torre.

Explicando aos visitantes o significado que a população local dava ao fato, revelou a guia ser esse acontecimento denominado de "vingança do Papa", pelo fato de uma cruz ser estampada naquela construção em um país materialista.

No entanto, uma interpretação mais imprópria surgiu entre aquelas pessoas: a cruz que os raios solares desenhavam nas placas metálicas seria um "castigo de Deus". Essa explicação foi a que mais causou impacto.

A qual das duas alternativas você teria dado o seu voto? Como espírita, evidentemente, a nenhuma, não é?

O Papa, como o representante máximo de Jesus como é entendido pelos irmãos católicos, não haveria de cultivar o sentimento de vingança na imagem da cruz construída pela luz solar.

A outra explicação – castigo de Deus – é, sem dúvida a campeã de desencontros. As pessoas que exultaram com esse raciocínio ainda não entenderam o Deus que Jesus nos apresentou como Pai. Ainda não entenderam o Deus que o Apóstolo João denominou como sendo o próprio Amor. Um Pai perfeito, o Amor verdadeiro não se vinga. Ama, tolera, ampara, levanta, proporciona uma nova oportunidade àquele que caiu. Por não entenderem isso, muitas pessoas enxergam nas enfermidades, nas calamidades geográficas, nas guerras, nas mortes pela fome um castigo de Deus. Joanna de Ângelis nos ensina que "ambicionando as dimensões do Universo e a interpretação de Deus, o homem se perde longe do caminho que a Ele conduz".

Estamos extremamente distantes do entendimento de Deus, estamos perdidos quando ainda julgamos que Ele castiga. Atribuímos ao Pai os defeitos que ainda nos inundam a própria alma. Como somos capazes de castigar, achamos que Deus também castiga. Como somos capazes de exercitar a vingança, entendemos que Deus também se vinga. É o deus fruto do nosso pouco entendimento. Desse deus que construímos erradamente em nosso entendimento limitado do que o Criador possa exatamente ser. Aliás, foi essa interpretação errônea de Deus que levou Voltaire afirmar que não acreditava em Deus. Não acreditava no Deus que o homem havia criado à sua imagem e semelhança, mas acreditava piamente no Deus que nos criou.

Joanna de Ângelis nos ensina que Jesus não se preocupou em decifrar Deus para nós, denominando-o apenas como "Pai"! Jesus colocou-nos na posição de filhos desse Amor indescritível para que tivéssemos alguma chance de compreendê-Lo, mas parece que ainda temos muita dificuldade de alcançar esse entendimento. Por isso mesmo, muitos consideram, por exemplo, a AIDS como um castigo de Deus aos promíscuos, aos adúlteros, aos homossexuais, quando a AIDS, na verdade, é uma consequência da atitude das pessoas quando contraem essa doença pelo relacionamento sexual.

A professora preferida de Deus é o amor e não a dor. Essa última é uma escolha nossa, é um pedido da nossa teimosia, da nossa rebeldia, do nosso orgulho.

Sempre Joanna, é ela a quem recorremos para explicar melhor a infinita grandeza do Criador: "Na paisagem festiva, na estepe monótona, no deserto árido, no continente gelado, no céu de luzes cambiantes, o Artista Supremo se expressa; no instinto dos animais, nos microscópicos cromossomos e genes, na razão e na imaginação do homem se desvela o Criador; no arguto equilíbrio dos seres vivos, nas sábias leis da reprodução se apresenta o Arquiteto Excelso da forma; na predeterminação das condições necessárias para o "milagre" da vida na Terra conforme se manifesta, surge o Onisciente; na geratriz da vida mesma a emergir do protoplasma gelatinoso e transparente, portador da síntese vital, em gérmem de plantas, animais e seres, vivifica-do pelo sol, o Pai Amantíssimo se revela à admiração da pobre e imperfeita inteligência humana que busca, então, entendê-Lo e amá-Lo..."

Esse Deus que a tudo criou e que está em toda a obra da sua Criação não se vinga e não castiga. São nossos sentimentos ainda muito pequeninos que atribuem essa capacidade ao Autor do Universo.

Mas podemos e devemos ter esperanças porque conforme continua ensinando Joanna: "... E nas galáxias radiosas – pousos felizes dos bem-aventurados – a se multiplicarem e expandirem no Universo, conduzindo bilhões e bilhões de sistemas estrelares, o Supremo Senhor do Cosmo fala da sua grandeza, carinhosamente estendida até nós, ainda rastejantes pelo trânsito do instinto aos vagidos da inteligência sonhando com a futura angelitude".

ENQUANTO TEMOS TEMPO, reformulemos nossos conceitos sobre Aquele a quem Jesus denominou de "Pai".

15

Você gosta da tentação?

CREIO QUE AO ler o título você respondeu negativamente meneando a cabeça com o sinal característico dos que não concordam, ou empregando um belo NÃO que não deixa nenhuma dúvida quanto a sua resposta, não é mesmo?

No final da oração do Pai Nosso até pedimos a Deus para nos livrar da tentação.

Vejamos o que André Luiz nos ensina sobre a visita da tentação: *Tentação é o recurso que a sabedoria da vida emprega para dar-nos o conhecimento de nós próprios.*

Gostaria de lembrar a você, amigo leitor e prezada leitora, como a nossa classe reagia quando a professora puxava da caderneta para marcar a data da prova. Naquela época, entrando na adolescência, nos comportávamos como se fizéssemos favor à professora de assistir as suas aulas. Será que hoje esse posicionamento mudou? Pois bem, tudo ia muito bem enquanto fazíamos o favor de assistir as aulas, mas quando a coitada da mestra falava em marcar a data da prova, a classe pegava fogo. Não queríamos. Por que ela não deixava para uma outra data? Para que tanta pressa em marcar a malfadada prova? Será que ela gostava de estragar o humor de seus alunos? Mas, como o método de avaliação era através da prova, ela era marcada apesar do mau humor que se instalava entre a gente.

Era necessário se avaliar os alunos através de algum instrumento ou de alguma maneira, e naquela época era através da bendita prova.

Tínhamos que estudar, enfrentar a prova e alcançar a nota necessária para sermos aprovados de ano. Por isso não gostávamos, mas era necessário e assim era feito.

Será que diante da tentação não nos tornamos semelhantes aos alunos daquela época? Xô, tentação! Vai visitar outra pessoa, não é mesmo?

Atentemos na frase de André Luiz no livro *Sol nas almas* que grafamos acima: tentação é o recurso que a sabedoria da vida emprega para dar-nos o conhecimento de nós próprios! Se reencarnássemos e vestíssemos uma espécie de proteção contra a tentação permaneceríamos como o aluno sem prova: como avaliar o nosso aprendizado, a segurança de nossas forças diante dos convites do mal? Vejamos alguns exemplos citados pelo autor do livro mencionado: "Se o dinheiro não nos sugere a busca de prazeres desmesurados para os sentidos e se não lhe opomos o freio do discernimento, como poderemos saber que ele deve ser utilizado para a criação das alegrias nobres que nos enriquecem a alma?"

Prossegue o autor espiritual: "Se o mal não nos convida algum dia a cultuar-lhe os desequilíbrios e se não lhe resistimos aos impulsos, de que maneira aprenderemos que o bem deve ser incorporado em definitivo ao nosso campo espiritual para ser usado naturalmente por nós como o ar que se respira?"

Mais adiante ele insiste: "Se estamos na bengala dos cegos ou no catre dos paralíticos – conquanto a alusão não signifique qualquer desrespeito a eles, – já vivemos sob o regime de bloqueio transitório entre as forças da vida e ninguém pode reconhecer, de imediato, o que faríamos da luz ou do movimento, se os tivéssemos ao dispor."

Ou seja, a tentação é o instrumento que nos dará a medida da nossa força moral.

A venerável mentora Joanna de Ângelis, no livro *Desperte e seja feliz*, psicografia de Divaldo, assim leciona sobre a tentação: "As tentações são as pedras da estrada, criando impedimentos à movimentação dos viajantes do progresso; são os espinhos cravados nas 'carnes do coração' ferindo, a cada contração muscular...

Constituem, também, os estímulos à vitória, à transformação íntima para melhor. São o aguilhão que impele para a frente todo aquele que lhe padece o acúleo.

As tentações que levam à irritação, ao revide, não são maiores do que aqueloutras que fazem arder as emoções profundas e se apresentam como tormentos ocultos do sentimento, do sexo, dos vícios, e outras que a ambição desmedida sussurra aos ouvidos da alma."

Atentemos para a frase final da Mentora: "*A vida, sem tentações ou testes de avaliação moral, perderia o seu colorido e as suas motivações de crescimento.*"

Seria como ir à escola sem ser avaliado de nenhuma maneira para se saber o quanto o aluno aprendeu ou necessita de aprender para a devida promoção no final de um período escolar. Por essas lições podemos ver que a aprovação automática de um aluno é um verdadeiro desastre em termos de avaliação. Se não é avaliado, o que o levaria a estudar e aprender? Pelo menos no atual estado evolutivo em que a Terra se encontra, o raciocínio seria esse.

André Luiz também coloca a sua opinião quando afirma que: "Achamo-nos todos em evolução e, concomitantemente, em tentações que chegam por tabela. Cada uma em hora determinada e em problema certo. Saibamos superá-las para crescer e elevar-nos."

Destacamos a seguinte frase do autor espiritual: *Sem tentação, impossível a tarefa da perfeição.*

Continua ele: "Recordemos o barco e as ondas que procuram submergi-lo. Sem elas jamais chegaria ao porto mas é preciso vará-las sem permitir que entrem nele."

Para que você termine esse assunto gostando da tentação, ou pelo menos não a querendo mal, vamos ao ensinamento de Chico Xavier no livro *Lições de Sabedoria:* "A tentação, no fundo é a projeção de tendências infelizes que ainda trazemos. Semelhante projeção, em se exteriorizando, em forma de pensamentos materializados, atraem sobre nós aquelas mentes, encarnadas ou desencarnadas, que se nos harmonizam com o modo de ser. Entendo que a tentação nasce de nós. Recordemos que um pacote de ouro não tenta um coelho, induzindo, muitas vezes, um homem às piores sugestões, enquanto que um pé de couve deixa um homem impassível, levando um coelho ao impulso de aproximação indébita."

De tudo o que foi dito, é melhor dar as boas-vindas à tentação quando ela nos bater à porta. Como sabemos, o corpo físico não detém defeitos e nem qualidades. De tal maneira, ao desencarnarmos, levaremos conosco as qualidades e os defeitos que possuirmos. As tentações que não forem superadas enquanto no corpo, continuarão presentes no mundo espiritual aguardando por novas oportunidades onde deverão ser corrigidas na estrada da perfeição. Se conseguirmos aliviar a mala dos defeitos e recheá-la de qualidades ENQUANTO TEMOS TEMPO, tanto melhor.

Desculpe-me, mas escrevo esse assunto exatamente na véspera de mais um período carnavalesco no calendário dos homens. Permita-me uma pergunta baseada no ensinamento citado do querido Chico Xavier: o carnaval para você é um pé de couve ou um pacote de ouro?

Muito bem, já superou mais uma tentação...

Os frutos

> "Se alguém está sentado na sombra hoje,
> é porque alguém plantou uma árvore há muito tempo."
> Warrem Buftett

> "Benfeitor é aquele que ajuda e passa".
> – André Luiz (Agenda cristã).

A CRIANÇA OBSERVAVA o pai cuidar das plantas no quintal da casa. Uma carpinada aqui, uma poda de alguns galhos acolá, um punhado de adubo numa cova, a água necessária no "pé" de cada uma delas, enquanto os pássaros voavam de um lugar para outro na busca de algum fruto maduro.

O menino colocou as mãos na cintura e observou:

— Papai, do que adianta todo o seu trabalho com as árvores se não conseguimos colher os frutos? Esses passarinhos esfomeados acabam ficando com a parte melhor para eles! Temos que acabar comprando na feira essas mesmas frutas que tem sobrando em nosso pomar. Não é melhor parar de gastar com água, com adubo, com o seu serviço ao invés de ficar os frutos perdidos pelo chão ou no bico dos passarinhos?

O pai sorriu da observação do filho e aproveitou a oportunidade:

— Meu bem, devemos sempre colocar na vida alguma

coisa de positivo. Foi para isso que a Providência Divina nos permitiu existir. Não importa que não sejamos nós aqueles que recolham o bem semeado. Veja, por exemplo, essas árvores todas que temos em nosso quintal. Não tem importância que não aproveitemos dos frutos como gostaríamos. Os passarinhos também são criaturas de Deus e precisam do alimento. Nosso quintal não fica mais bonito com eles e com as plantas? Não seria mais triste se nada existisse, somente um pedaço de terra sem mais nada?

— Sim, papai.

— Então já estamos colhendo alguma coisa boa desse nosso trabalho.

— Mas e se um dia nos mudarmos para outra casa, as árvores não vão ficar aqui?

— Sim. Mas isso não tem importância nenhuma, meu filho. Outras pessoas irão se aproveitar dos frutos, da alegria dos pássaros, da beleza de um quintal como o nosso. Isso é que tem importância. Construímos um lugar agradável. O crédito disso ninguém poderá nos tirar, meu filho. É isso que eu quis dizer quando falei de colocar algo positivo na vida. Se ficarmos aguardando e pensando no que poderemos lucrar, seremos vencidos por um de nossos grandes inimigos que é o egoísmo. Ele é capaz de nos trazer enormes aborrecimentos. Ele, o egoísmo, é o responsável pela fome de tantas pessoas; pelas guerras; por muitos crimes, pela dor de muita gente. Enquanto um fica esperando o mundo melhorar pelo serviço que o outro tem que fazer, a vida continuará triste. A dor será a companheira do homem, meu filho. Jesus, alguma vez, vacilou em viver o bem pensando que o homem não conseguiria compreendê-lo?

— Não, papai. Sempre trabalhou no bem até o fim.

— Pois então, meu filho. Não é ele o professor que temos que seguir? Fez o bem, apontou o caminho e nos convidou para que o seguíssemos. E nos espera até hoje! Não somos felizes em nossa casa que tem esse quintal bonito?

— Sim, papai.

— Então, meu filho, esse deve ser o nosso pagamento, a nossa recompensa. Deixemos que os passarinhos catem as frutas como alimento. Enquanto voam, alegram as nossas vistas. Enchem nossos ouvidos com o seu canto alegre. É a nossa recompensa. Os frutos podemos comprar na feira, mas a alegria que temos nesse nosso cantinho, não se vende em lugar nenhum...

• • •

Ensina Joanna de Ângelis em seu livro *Desperte e seja feliz*, que "a ação do Bem é sempre discreta e contínua, com metas bem definidas.

Não se deixa entorpecer, quando não compreendida, nem estaciona diante dos obstáculos.

Porque não almeja promoções pessoais nem apoia individualismos, sempre se renova sem fugir às bases, perseverando tempo afora".

Muitas vezes temos pressa que o Bem aconteça sobre a face da Terra, principalmente quando esse Bem é traduzido por uma justiça que alcance o devedor de maneira mais rápida. Temos pressa que o Bem se realize nos atos, nas atitudes de nossos semelhantes. Entretanto, deixamos o Bem relegado ao plano do esquecimento quando se trata de nossas obras, de nossas atitudes.

No entanto, determina a Lei maior que o Bem se implante sobre a face da Terra de maneira não violenta, através do exercício do amor. Atentemos para a lição de Dr. Bezerra de Menezes quando nos fala sobre esse aspecto, no livro *Brilhe vossa luz*:

"Na didática de Deus, o mal não é recebido com a ênfase que caracteriza muita gente na Terra, quando se propõe a combatê-lo.

Por isso, a condenação não entra em linha de conta nas manifestações da Misericórdia Divina.

Nada de anátemas, gritos, baldões ou pragas.

A Lei de Deus determina, em qualquer parte, seja o mal destruído não pela violência, mas pela força pacífica e edificante do bem.

A propósito, meditemos:

O Senhor corrige:

a ignorância: com instrução;

o ódio: com o amor;

a necessidade: com o socorro;

o desequilíbrio: com o reajuste;

a ferida: com o bálsamo;

a dor: com o sedativo;

a doença: com o remédio;

a sombra: com a luz;

a fome: com o alimento;

o fogo: com a água;

a ofensa: com o perdão;

o desânimo: com a esperança;

a maldição: com a bênção.

Somente nós, as criaturas humanas, por vezes, acreditamos que um golpe seja capaz de sanar outro golpe.

Simples ilusão.

O mal não suprime o mal.

Em razão disso, Jesus nos recomenda amar os inimigos e nos adverte de que a única energia suscetível de remover o mal e extingui-lo é e será sempre a força suprema do bem".

Se sabemos disso como espíritas, é preciso perguntar a nossa consciência como vai o nosso trabalho no campo desse Bem que é a única maneira de extinguir o mal que nos incomoda tanto e nos faz sofrer.

O benfeitor é aquele que ajuda e passa, ensina André Luiz. Precisamos urgentemente aprender a auxiliar e passar sem nada esperar em troca que não seja o triunfo do próprio Bem.

Não façamos como a criança da história que reclamava dos frutos não recolhidos em seu próprio quintal.

O mundo tem sede de paz, sede de amor, sede de amanhã melhor, de noites tranquilas, de dias de bênçãos.

Plantemos o Bem sem nos preocuparmos se vamos colher seus frutos. Auxiliemos na medida das nossas possibilidades e passemos adiante. A Sabedoria Divina se encarregará do resto.

O prato frugal ao necessitado; a roupa ao companheiro de penúria; a pequena porção de remédio que doamos para aquele que está enfermo; a visita rápida ao desesperançado; o bilhete ligeiro ao desesperado; o minuto breve de tolerância; algumas poucas frases no diálogo construtivo; o silêncio caridoso diante do mal, são, conforme nos ensina Emmanuel, pequenas doações que podemos fazer e que modificarão o mundo para melhor.

ENQUANTO TEMOS TEMPO, sejamos aquele que auxilia e passa, sem nada esperar...

O navio

"Uma existência feliz não é, necessariamente, aquela que se faz breve ou larga,
mas sim aquela que se transforma em mensagens de alegria
e bem estar para a própria pessoa, bem como todos aqueles que a cercam.
Cada existência é uma mensagem, cujo conteúdo deve ser positivo,
de forma que dignifique outras, enriquecendo-as de esperança."
– Joanna de Ângelis.

O ENORME TRANSATLÂNTICO estava no porto. Uma imensa fortaleza de aço desdobrada em múltiplos detalhes. Estava tranquila a embarcação como se amarrada no fundo do oceano pelas mãos firmes da âncora.

O observador contemplava o navio e meditava que o local mais seguro para ele era exatamente ali, sem enfrentar as intempéries do alto mar. A vida – continuava pensando ele – deveria também ser assim para o ser humano, sempre amparado no porto seguro da existência.

Comentou o seu pensamento com o companheiro que junto com ele admirava a majestosa embarcação.

— Não seria bom que pudéssemos também ficar sempre em um porto seguro na vida, meu caro?

E, para o seu espanto, ouviu a resposta:

— Não, não seria.

— Como não?! Não vê você que esse enorme transatlântico poderia estar enfrentando os perigos do alto mar e, no entanto, está aqui aportado em segurança? Não seria bom que pudéssemos também viver da mesma maneira, sem riscos?!

— Veja bem – continuou o interrogado – para que o navio foi construído, para ficar enfeitando o porto sem utilidade ou para navegar para outros continentes?

— Para viajar a lugares distantes, é claro.

— O navio foi concebido para ficar vazio e egoisticamente apenas com a sua tripulação sem serviço ou transportar pessoas e cargas?

— Lógico, para exercer essas funções.

— De que adianta os avançados recursos tecnológicos de que dispõe se nunca fosse preciso utilizá-los, não acha você? Não fosse assim, não haveria razão da sua existência, não é mesmo? O enfrentamento e a vitória sobre as águas bravias é que o consagram, não é assim?

— Sem nenhuma dúvida.

— Também somos assim. Por isso discordei da sua colocação de que deveríamos ficar no porto seguro da vida aqui na Terra. Fomos criados por Deus para navegarmos com o barco da existência pelas águas agitadas do existir para que possamos nos consagrar perante nós mesmos. Trazemos recursos infinitamente superiores a esse enorme transatlântico e não seria justo condená-los à preguiça, à ociosidade, à ferrugem de um local onde não fizéssemos nada. Estamos na vida para navegar pelos obstáculos e superá-los. Quando nada mais devermos à nossa consciência, poderemos rumar para um local de refrigério sem inércia, sempre transportando o amor a todos os portos onde ele ainda não for conhecido...

• • •

"Existir, sem o contributo da luta, dos desafios contínuos, é permanecer em estágio automatista do processo da evolução, não alcançando o significado psicológico maduro que diferencia os indivíduos e os promove.

Existir no entanto, vencendo dificuldades e prosseguindo jovialmente, torna-se a experiência máxima da realidade espiritual, qual aconteceu com os grandes exemplos de saúde moral e emocional da Humanidade." – Joanna de Ângelis.

• • •

Por onde tem andado o *navio* de sua existência? Ancorado no egoísmo, aprisionado em um porto seguro de águas mansas do orgulho e da vaidade?

Como nos ensina Joanna, essa situação sem lutas nos leva ao estacionamento, à estagnação. A água parada transforma-se em fonte de podridão, de parasitas. Se pararmos, estamos convidando as más escolhas de um modo de viver egocêntrico a crescer em nossa preguiça.

Gostaria, no entanto, de fazer uma pergunta aos pais sobre os *navios* de seus filhos. Você tem respeitado as escolhas deles, as suas decisões depois de ponderar junto com eles, ou tem procurado aprisioná-los naquilo que você julga ser para eles um porto seguro: o seu colo de mãe ou de pai? E o dia em que você partir para a outra dimensão da existência, estará deixando um "navio" preparado para enfrentar os mares de dificuldades no mundo, ou seus filhos se sentirão perdidos na inércia em que você os colocou amarrando-os, enquanto pode, ao seu porto seguro de pai e de mãe que não despertaram para a realidade de que o dia da separação viria?

Seus filhos, exatamente como nós um dia, precisam deixar esse *ancoradouro* para singrar as águas das suas existências, das suas escolhas. Precisam exercitar o livre--arbítrio. Não são seus, foram criados por Deus, e dos pais recebem o uniforme de um novo corpo para frequentar a escola da Terra. Orientar sim e sempre, violentar o livre--arbítrio nunca. Nem Deus o faz.

Você já liberou a âncora do egoísmo traduzida nas palavras "o meu filho, a minha filha"?

Não podemos detê-los em nosso *ancoradouro* simplesmente porque não somos perfeitos e nem imortais. Eles precisam das nossas orientações sim, mas também precisam do nosso respeito para que movimentem o navio de suas vidas através das águas que a Providência Divina permitiu que singrassem. Foi para isso que retornaram. Existe o tempo de crescer, de fortalecer a *embarcação* da existência junto ao *porto seguro* dos pais. Mas também existe o tempo de partir, de navegar em busca do crescimento espiritual, razão maior pela qual todos voltamos um dia. E então? Você já liberou a embarcação do seu filho, da sua filha, para que busquem seus mares, seus novos portos para que possam crescer?

Lembremos que os nossos navios precisam singrar as águas da existência em busca da saúde moral e emocional, ENQUANTO TEMOS TEMPO. De nossos filhos também.

O dia em que ancorarmos no porto do desencarne, esse tempo de que dispomos hoje pertencerá ao passado e as consequências, boas ou más, estarão em nosso presente, por muito tempo...

18
Profissões

> "Ação é a palavra de ordem, em todo o Universo. O movimento constitui mecanismo que impulsiona a vida em todos os sentidos. O ser humano somente se identifica com a sua realidade quando age, tornando-se útil, desprendido dos bens materiais e das paixões pessoais ainda primitivas.."
> – Joanna de Ângelis.

Aquele senhor era o maior advogado que se conhecia. Dominava todos os meandros das leis. Detinha o conhecimento das vírgulas, dos pontos, das entrelinhas. Citava com astúcia qualquer detalhe que fosse necessário. Demonstrava imensa sabedoria.

Entretanto, nunca havia defendido nenhum cliente...

Aquele cidadão era um médico que conhecia a ciência como as palmas das suas mãos. Dissecava com competência o organismo humano com os recursos do seu conhecimento contra qualquer tipo de mal que pudesse assaltar um corpo físico. Era seguro, determinado, nunca vacilava. Lembrava uma enciclopédia ambulante.

No entanto, nunca chegara perto de nenhum doente...

Aquele profissional era o senhor absoluto dos segredos da matemática. Cálculo nenhum lhe fazia segredo. Conhecia a composição do concreto, das ferragens, da argamassa, dos alicerces inabaláveis. Seus cálculos nunca conheciam erro algum. Era uma competência exemplar. Suas plantas, seus projetos eram impecáveis. Não comportavam críticas.

Porém, nunca construíra uma parede sequer...

Aquela pessoa era uma assídua frequentadora do Centro Espírita ao qual se vinculara. Comparecia aos estudos proporcionados pela Casa, ouvia as palestras com atenção, recebia com respeito o passe e a água energizada pelos Espíritos amigos, lia os livros recomendados e obedecia aquele aviso de todos os Centros Espíritas: "O silêncio é uma prece".

Entretanto, nunca conseguira sentir a dor alheia como se fosse a sua própria dor.

Queremos seguir Jesus como o jovem rico que convidado por ele a deixar os bens materiais aos pobres e segui-lo, nunca mais voltou?

Vamos ler juntos a página *Quem faz o tempo?* Do Espírito José de Moraes, psicografada por Agnaldo Paviani, do livro *Jesus no teu dia a dia*?

Diz ele: "Você afirma invariavelmente que não tem tempo. Garante que seu tempo é escasso.

A visita ao doente lhe roubaria minutos preciosos...

A atenção ao aflito que necessita do ombro amigo afetaria a programação do seu dia...

Deter-se em ouvir uma explanação evangélica resultaria em prejuízo aos afazeres mais urgentes...

A leitura edificante lhe furtaria momentos imprescindíveis para o descanso...

Dentro desse conceito e de posse da afirmativa *não tenho tempo*, acredita justificada a sua "ausência no bem".

Mas, querido irmão, medite:

Você não arranja tempo para a alimentação que sustenta o corpo?

Você não consegue o tempo para o banho diário?

Você não busca o tempo para ficar perto da pessoa amada?

Você não encontra tempo para o lazer?

Então, como pode afirmar que não tem tempo para as coisas de Deus?

Às vezes, não lhe parece que uma hora de palestra evangélica é muito mais demorada que uma hora ou mais assistindo a um bom jogo de futebol?

Entretanto, sendo qualquer hora constituída de sessenta minutos, o *interesse* é que faz a diferença.

Se é verdade que não se pode deter a ampulheta do tempo, também é verdade que o aproveitamento ou a negligência desse tempo depende de você.

Antes de afirmar *não tenho tempo*, lembre-se de que você é quem faz seu tempo."

E então, a exemplo dos profissionais citados, você pretende ser um cristão que nunca tenha perdoado uma ofensa; que nunca tenha amado sem interesse; que nunca tenha renunciado para que a paz não se ausentasse do ambiente; que nunca tenha se calado diante de uma maledicência sem passá-la adiante; que nunca tenha dado um sorriso amigo; que nunca tenha estendido as mãos para dar as boas-vindas; que nunca tenha sentido o calor de um abraço; que nunca tenha sido visitado pela dor; que nunca tenha sentido a lâmina pontiaguda de uma saudade; que nunca tenha chorado às ocultas para não entristecer os outros; que nunca tenha pronunciado palavras de bom ânimo; que nunca tenha tido espaço para o bem, embora o mal ocupe uma grande parte do seu pensamento?

Será muito bom que tenhamos tempo de sermos cristãos, ENQUANTO TEMOS TEMPO...

19

A senhora idosa

"Onde se pode encontrar a prova da existência de Deus?
— Num axioma que aplicais às vossas ciências:
não há efeito sem causa. Procurai a causa de tudo que não é
obra do homem, e vossa razão vos responderá."
– O Livro dos Espíritos, questão 4.

ERA UM GRUPO de mais de trinta pessoas que realizava uma excursão a um país longínquo. Maridos com suas esposas, filhos com os pais, amigos que planejaram a viagem juntos. Uma figura, entretanto, se destacava das demais. Uma senhora de cabelos grisalhos, esbelta, de pequena estatura, levava uma pequena mala provida de rodas que ela arrastava célere pelos grandes aeroportos por onde transitava com as demais pessoas. Sua idade? Pasmem! Noventa e três anos! Isso mesmo! Noventa e três anos e sozinha pelo mundo. Não tivera filhos e era viúva. Cabeça invejável para a idade. Lúcida, perspicaz.

Conversando com ela um senhor foi surpreendido com uma revelação: não acreditava em Deus. O infinito, dizia ela, era muito grande para que comportasse um criador. Para ela, a própria grandiosidade de tudo era a prova de que ninguém criara nada.

O senhor ouviu os argumentos em respeito à sua idade, e depois ponderou:

— Suponhamos que o acaso fosse o criador de tudo como a senhora prefere acreditar. Se o acaso é capaz de criar um Universo (ou seria muitos Universos interligados?) com tamanha perfeição, não seria difícil para esse mesmo acaso pintar um outro quadro de Mona Lisa.

— Como assim? – interrogou a senhora idosa que não alcançava a força do argumento.

— Primeiro devo dizer-lhe que esse argumento não é meu. Apenas o li e achei fantástico o seu raciocínio. Vou explicar melhor. Se o Universo e toda a sua perfeição é obra de um acaso, esse mesmo acaso deve conseguir pintar uma nova perfeição como a Mona Lisa. Basta que deixemos cair sobre uma tela branca tinta de variadas cores e, por obra do acaso uma nova tela será pintada. Há de ser muito fácil essa façanha para esse acaso que deu origem a esse Universo cujos limites não conseguimos detectar. O que representa pintar um novo quadro de Mona Lisa?

A idosa percebeu a impossibilidade da proposta e retrucou:

— Mas o senhor sabe que isso não é possível. Como uma mistura de tintas ao acaso vai pintar por si só uma nova obra prima?!

— Concordo com a senhora que é impossível, da mesma maneira que é impossível que as forças brutas da Natureza agindo sem uma diretriz perfeita que as conduza pudessem ter criado esse Universo de tanta perfeição. Essa obra perfeita exige um autor, um criador que funcione como o regente dessa orquestra perfeita onde nenhuma nota quebra a harmonia da música celestial que contemplamos.

Enquanto a senhora analisava a força daquele argumento, o senhor prosseguiu:

— Gostaria ainda de citar à senhora um outro raciocínio que li e que me parece perfeito para provar a existência de Deus. Poderia a explosão de um depósito de livros dar origem a uma biblioteca perfeita com os livros todos separados e catalogados de acordo com as respectivas áreas?

A senhora não respondeu e ele prosseguiu:

— Pois então. A teoria do Big-Bang que os cientistas citam para o surgimento do Universo é algo semelhante. De uma explosão sem nenhum comando, surgiu o Universo (ou vários) que é uma verdadeira aula de perfeição. Não lhe parece isso um absurdo?

Aquela senhora não respondeu. Fechou-se em suas cismas. Após noventa e três anos de negativa sobre a existência de um Ser superior, não seria fácil modificá-la. Nem era essa a intenção daquele senhor que com ela argumentava. Apenas plantara uma semente naquele Espírito imortal já em final de sua jornada terrestre. No mundo dos Espíritos ela seria trabalhada pela dúvida e pelos fatos que lá presenciaria. O principal deles seria a inexistência da morte como todos aqueles que não creem em Deus espantam-se ao constatar. Refaria seus conceitos, aprenderia novas lições, encontraria uma realidade para a qual somente um Arquiteto do Universo consegue dar explicações.

Gostaria de entender qual a vantagem que o materialista, aqueles que anunciam a morte de Deus, encontram em acreditar na ausência de uma Causa responsável pela perfeição revelada pela realidade do Universo. Qual a vantagem que a ausência de Deus conferiria ao ser humano? Qual a nossa perspectiva após a morte? Qual nosso futuro, nosso destino a não ser um buraco frio e escuro de uma cova solitária de um cemitério. Onde está, senhores materialistas, niilistas, onde está a vantagem, o benefício da inexistência de Deus?! Por que pregam com tamanha veemência, com inabalável convicção que Ele não existe? Seria, por acaso, o desejo de que o homem, apesar de sua transitoriedade, fosse um deus enquanto exista à semelhança da frase do poeta quando afirma que o amor não seja imortal posto que é chama, mas seja infinito enquanto dure? Ser um deus enquanto estiver dentro do corpo de carne? E depois? O longo depois da eternidade...

Preferimos encerrar com as colocações de Allan Kardec em O *Livro dos Espíritos*, questão 4:

"Para crer-se em Deus, basta se lance o olhar sobre as obras da Criação. O Universo existe, logo tem uma causa. Duvidar da existência de Deus é negar que todo efeito tem uma causa e avançar que o nada pôde fazer alguma coisa."

Em *A Gênese*, cap. II, item 7: "A existência de Deus é, pois, uma realidade comprovada não só pela revelação, como pela evidência material dos fatos. Os povos selvagens nenhuma revelação tiveram; entretanto, creem instintivamente na existência de um poder sobre-humano. Eles veem coisas que estão acima das possibilidades do homem e deduzem que essas coisas provêm de um ente superior à Humanidade. *Não demonstram raciocinar com mais lógica do que os que pretendem que tais coisas se fizeram a si mesmas*?"

E você, tem semeado essas verdades nos corações solitários da presença de Deus, ENQUANTO TEMOS TEMPO?

A favela

> "A felicidade relativa é possível e se encontra ao alcance de todos os indivíduos, desde que haja neles a aceitação dos acontecimentos conforme se apresentam. Nem exigências de sonhos fantásticos, que não se corporificam em realidade, tampouco o hábito pessimista de mesclar a luz da alegria com as sombras densas dos desajustes emocionais."
> – Joanna de Ângelis.

O ÔNIBUS DESLIZAVA morosamente no duro tapete de asfalto acinzentado. O passageiro que estava há várias horas em seu interior aproximava-se de São Paulo originário de distante cidade do interior. Embora o veículo tivesse refrigeração, o calor fora do mesmo podia ser visto ao refletir sobre a superfície do asfalto formando ondas que subiam para o espaço. Consigo mesmo aquele senhor remoía o seu descontentamento:

— Como é bom para aqueles que podem viajar de avião! Alguns minutos ou pouquíssimas horas e já estão em seu destino. Quem não tem nem carro, o jeito é aguentar esse ônibus lento como pessoa que acaba de acordar de um sono profundo. Bom mesmo é poder morar na capital com muitas opções de divertimento. Muitos restaurantes de comidas diferentes. Variadas lojas de roupas da moda. Teatros, cinemas, restaurantes, boates, vida enfim. É isso, vida, porque no interior, longe desses recursos todos, é só trabalho e mais trabalho...

O ônibus começou a se aproximar da capital e os edifícios da grande São Paulo iniciaram o seu desfile à distância preenchendo o espaço antes vazio. Aviões variados cruzavam o ar em busca da aterrissagem segura, enquanto outros levantavam voo em direção a países distantes. O viajante contemplava todo esse movimento e mais reclamava:

— Isso é que é viver, o resto é rastejar-se pela existência... Fico imaginando o conforto de quem mora nesses arranha-céus! Piscina, várias suítes, sala de televisão, escritório, área de lazer com variadas opções... Isso sim é que é vida...

Nisso, o veículo começou a aproximar-se também de favelas que cresciam à beira da rodovia. Casebres feitos de tábuas finíssimas de compensado. Telhado de latas. Vão de janelas cobertos por trapos. Piso de chão batido. Sem energia ou água encanada. Vida miserável.

O homem reclamão foi tendo o seu olhar sugado pelas moradias paupérrimas. Pessoas mal vestidas, emagrecidas, sofridas, necessitadas dos valores mínimos para uma existência digna. Um pequeno menino, à beira da rodovia, vestido apenas com um shortinho remendado, sem calçado algum, alimentava, sabe-se lá com o quê, um filhote de cachorro vira-lata. Todas aquelas cenas que iam se sucedendo se assemelhavam a uma bofetada da Vida naquele homem que, até então, apenas soubera reclamar da sua situação.

Para azar dele (ou será que para o seu bem?), a consciência trouxe-lhe à lembrança uma pequena história que ele havia lido em um de seus dias de preguiça. Narrava aquele conto agora rememorado, que um homem que de tudo reclamava, resolveu esbravejar e revoltar-se contra a pequenina casa em que morava junto aos familiares. Ele era um reclamão de carteirinha! Encontrava defeito na roupa lavada e passada pela esposa dedicada. Resmungava perante a comida simples que abençoava a sua mesa. Queixava-se do único par de sapatos que possuía, enquanto tantos andavam descalços. Irritava-se com o trabalho que permitia uma vida digna, apesar das dificuldades enfrentadas. Se chovia muito, protestava. Se o tempo era de sol, reclamava. Talvez o seu nome de batismo devesse ser Reclamildo (você conhece algum?).

Muito bem, um belo dia como aquele dia que acontece na vida de todos nós, o reclamão soube que um velho muito sábio passava pela cidadezinha onde morava. Correu até ele levando a sua mais nova queixa: a casa apertada, acanhada onde morava com a família. Na presença do sábio, despejou toda a sua lamúria sem fim sobre as condições de sua moradia e ficou aguardando que aquele homem o colocasse no colo e concordasse com ele reforçando a sua reclamação. Porém, para o seu espanto o homem sábio propôs-lhe um exercício: que ele colocasse a sua única vaca de leite durante um mês para morar com a família dentro da casa! É preciso dizer que o resmungador protestou, reclamou ainda mais, esbravejou, chamou o sábio de louco e de algumas outras coisas. Entretanto, o velho não cedeu e insistiu que se ele quisesse resolver as suas queixas sobre a casa ruim em que morava, era preciso colocar sim, a sua vaca a morar com os seus familiares durante um mês! Decorrido esse tempo o sábio voltaria àquela cidade para reavaliar a situação e apontar uma solução. Como não sobrara alternativa, o resmungador de carteirinha teve que aturar o animal recomendado dentro de sua residência pelo tempo determinado. Imaginem o transtorno que a presença do animal dia após dia dentro daquela casa, causava. No final do prazo, não suportava mais aguardar a volta do velho sábio para retirar o animal do interior de sua moradia.

O homem voltou e, para a sua surpresa, sugeriu que por mais um mês, ele deveria abrigar no interior da casa, além da vaca, também o cavalo que o auxiliava no trabalho.

O quê?! Definitivamente aquele homem era um louco! Era isso, era aquilo, mas como não sobrara alternativa, o cavalo foi morar dentro da casa pelo prazo determinado junto com a vaca. Novamente o transtorno se instalara no interior do pequeno espaço da moradia com a presença desse outro animal.

Esgotado esse tempo, o velho sábio retornou e liberou a vaca e o cavalo para o campo novamente, orientando o reclamão de carteirinha que fizesse o asseio do lar e passasse a viver com a sua família em seu interior, sem a presença desagradável dos animais.

Foi só então que o reclamão passou a observar como aquela casinha simples, era boa. Havia espaço suficiente para todos. Existia higiene. Podia deitar-se no leito limpo e dormir tranquilamente. Não havia ruídos que importunasse. O respeito ali morava também. Tinha paz. O ar era puro. Ouvia o canto dos pássaros. Percebia o aroma das flores que cresciam próximas. Escutava o barulho da chuva no telhado humilde, mas protetor. Percebia o cheiro bom da comida que a esposa preparava com carinho no fogão à lenha. Como era bom o seu pequenino, mas aconchegante lar!

Fora preciso o transtorno ocasionado pelos dois animais no interior da sua casa para que ele acordasse e descobrisse tudo de bom que possuía e do qual apenas encontrava motivo para reclamações.

Você, caro leitor, que já é um sábio, não vá esperar que um outro sábio chamado "destino", recomende que leve para dentro de sua vida os problemas maiores da existência para que tão somente nessa hora você enxergue os pequeninos problemas que o visitam no momento.

Após esse exemplo, joguemos fora nossas carteirinhas de reclamações e aproveitemos o momento de paz e felicidade que possuímos agora, ENQUANTO TEMOS TEMPO...

21

A equação

"A vida do Espírito, no seu conjunto, percorre as mesmas fases que vemos na vida corporal; passa gradualmente do estado de embrião ao da infância, para alcançar, por uma sucessão de períodos, a idade adulta, que é a da perfeição, com a diferença de que não conhece o declínio e a decrepitude como na vida corporal; que essa vida, que teve começo, não terá fim; que é preciso um tempo imenso, do nosso ponto de vista, para passar da infância espírita a um desenvolvimento completo, e seu progresso se realiza não sobre uma só esfera mas, passando por mundos diversos. A vida do Espírito se compõe assim de uma série de existência corporais, sendo cada uma, para ele, uma oportunidade de progresso, da mesma forma que cada existência corporal se compõe de uma série de dias em cada um dos quais o homem adquire um acréscimo de experiência e de instrução. Todavia, da mesma forma que na vida do homem existem dias que não produzem fruto, na vida do Espírito há existências corporais sem nenhum resultado, porque ele não as soube aproveitar".

– O Livro dos Espíritos – questão 191.

O MATERIALISTA CONVICTO conversava com um homem de fé raciocinada. Dizia o primeiro:

— A prova de que nada existe são as injustiças que a vida nos apresenta de mãos cheias em cada dia que surge. Impunidades, sucesso de pessoas desonestas, sofrimento de pessoas boas, enfermidades que mutilam e torturam alguns, saúde exuberante de outros, miséria dos que esmolam sem lar ao lado do supérfluo de muitos. A própria vida fornece provas inúmeras da inexistência de um Deus de Justiça que a tudo coordenasse. Se a injustiça impera, onde está a Justiça que invocam os crédulos inocentes? Se o ódio é disseminado, onde está o Amor daqueles que nele acreditam? Não. Somos adultos, enxergamos bem, raciocinamos, de tal maneira que, se Deus existe, Ele esqueceu de mostrar-se no cotidiano da Humanidade.

O homem de fé raciocinada esperou que o materialista desfilasse a lista da sua descrença e depois ponderou:

— Eu vejo o mundo repleto de injustiças como uma equação onde existem várias frações. Depois dessas frações, um sinal de igual e após esse sinal o número 1.

Para se fazer mais claro, escreveu numa folha de papel: $1/3+5/6+3/4+2/5......$ $n/y= 1$!

Escrito a fórmula mágica, assim se pronunciou:

— Pronto! Para mim está bastante evidente a existência de Deus nessa fração com componentes que tendem ao infinito. Podemos somar frações cansativamente que elas tenderão para a unidade.

O materialista deu uma estrondosa risada e comentou:

— Além da sua crença ingênua, você deve ser um matemático louco ou fracassado, meu amigo – tornando a gargalhar.

— Observe bem. Cada fração desta equação – continuou o homem de fé não se abalando com a ironia do descrente – representa uma das desigualdades que existem na vida que observamos, como você bem colocou. Só que essas aparentes injustiças que você invoca para negar a existência de Deus, tendem para uma solução com o desenrolar das existências sucessivas que o Espírito vai experenciando nos diversos planetas habitados do Universo. Nossas vivências de hoje, as desigualdades que observamos, as aparentes injustiças que anotamos, se analisadas isoladamente, assemelham-se às frações da equação acima. Entretanto, na medida que o Espírito caminha na sua estrada evolutiva, tudo caminha para a unidade no sentido de uma Justiça que dá a cada um na medida do seu merecimento. Os acidentes vivenciados pelo Espírito e que se apresentavam a ele como frações se contempladas isoladamente, serão solucionadas através das existências sucessivas que iremos tendo. Com elas, as equações de cada um tenderá para o número um, ou seja, tudo será devidamente explicado, reajustado e encaminhado para a perfeição.

O grande problema do materialismo, meu amigo, é querer que a fração se transforme, num passe de mágica, em unidade. Ou se você preferir, a grande dificuldade de entender a existência de Deus é exigir que numa única existência do Espírito que possui a eternidade pela frente, tudo seja explicado, todas as aparentes injustiças sejam esclarecidas. Como colocar o infinito no estreito espaço do berço ao túmulo?

Entendeu através dessa equação matemática como tudo caminha para a igualdade, para a justiça perfeita, provando e não reprovando a existência de Deus?

— Não. Não entendi. Nunca gostei de matemática... – respondeu com sarcasmo e rindo muito o materialista.

E você que me dá a honra da leitura, sempre foi bom em matemática? Caso a resposta seja negativa, vamos estudar um pouco, ENQUANTO TEMOS TEMPO...

22

Do alto e de baixo

"Seus discípulos o interrogaram, dizendo: Por que, pois, os escribas dizem que é preciso que Elias venha antes? Mas, Jesus lhes respondeu: É verdade que Elias deve vir e restabelecer todas as coisas; mas eu vos declaro que Elias já veio, e não o conheceram, mas o trataram como lhes aprouve. É assim que eles farão sofrer o Filho do Homem. Então seus discípulos compreenderam que era de João Batista que lhes havia falado".
– Mateus, cap. XVII, v. de 10 a 13; Marcos, cap. IX, v. 11, 12 e 13

O AVIÃO DE grande porte voava a uma altitude de dez mil metros e a uma velocidade de novecentos quilômetros por hora.

O passageiro em seu interior olhava para fora e tinha a sensação de que a aeronave não saía do lugar, impacientando-se.

Lá em baixo, um homem do campo contemplava deslumbrado a pequena figura do avião engolindo o espaço com rapidez, e ficava admirado desse meio de transporte tão rápido.

O passageiro tinha como referência o espaço acima da sua cabeça, por isso mesmo reclamava da aparente lentidão do voo.

O homem no solo do planeta tinha como referência o solo que pisava, por isso, para ele, a aeronave se deslocava tão rapidamente.

Como será que temos contemplado a vida física, a reencarnação atual: como o passageiro do avião ou como o homem sobre o solo do planeta?

Como temos nos comportado diante dessa sensação de fuga do tempo que a Misericórdia Divina nos concedeu: procurando aproveitar ao máximo a sucessão dos minutos, das horas e dos dias, ou adiando para o depois que nem sabemos se vamos ter, a realização do momento presente?

Temos tempo para ficar diante de uma televisão assistindo a um jogo de futebol, mas não temos tempo de visitar um lar envolvido nas sombras da morte?

Temos tempo para assistir novelas intermináveis e repetitivas, mas não temos tempo de visitar um velho em um asilo?

Temos disposição para atravessar uma noite dançando em um baile, mas estamos cansados para visitar o lar pobre da periferia da cidade?

Temos tempo para o cabeleireiro, mas não encontramos alguns minutos para redigir uma carta de consolo?

Esbanjamos tempo em uma mesa de restaurante junto a amigos, mas não conseguimos poucos minutos para um telefonema para uma pessoa necessitada de palavras amigas?

Os Espíritos amigos nos ensinam que tudo na vida é uma questão de prioridade. Se não priorizamos as aquisições do Espírito imortal, sempre estaremos a adiar tais conquistas.

Alerta-nos Irmão José, através da psicografia de Baccelli:

"Ninguém despreze a bênção do tempo que Deus lhe concede no mundo.

Malbaratar o tempo é adiar a felicidade.

Quantos minutos, horas e dias são inutilmente consumidos pelos homens, sem que atentem para o seu aproveitamento com vistas ao progresso espiritual?!"

O grande problema é que teremos que voltar como nos anuncia a passagem Evangélica de Mateus ao falar sobre Elias reencarnado como João Batista. O outro problema é que nós, espíritas, não temos dúvidas sobre a reencarnação. Dessa maneira devemos mais explicações sobre o nosso tempo no novo corpo que, aliás, se torna cada vez mais raro. Sim. Estudos revelam como já dissemos no início desse livro que o número de filhos por casal diminuiu consideravelmente. Esses dados das estatísticas de nossos dias nos alerta para o aproveitamento do tempo que estamos tendo no corpo físico e não sabemos quando o teremos novamente. Será que é preciso retornar ao mundo espiritual para tão somente avaliarmos o tesouro de que dispomos agora? Ensina Irmão José "que tempo é talento que quem não se preocupa em multiplicar acaba ficando sem..."

Afirma Joanna de Ângelis que "a reencarnação é método para o espírito aprender, agir, educar-se, recuperando-se quando erra, reparando quando se compromete negativamente."

Tempo de reparar o comprometimento negativo que tivemos. Dessa reparação é que poderemos retornar em situação melhor para o mundo dos Espíritos!

Irmão José nos recorda que "se cada dia é importante para quem se dedica às aplicações financeiras nas casas bancárias, *porque não o seria para a economia da alma, no que tange aos lucros de ordem moral?*"

Temos como responder de maneira confortável a essa pergunta para a nossa consciência do outro lado da Vida?

Ou se você preferir a colocação de Irmão José: "Enquanto pode, o homem deve aproveitar o seu tempo, porque *chegará o momento em que o tempo o convocará para efetuar meticuloso balanço de todos os seus atos.*"

De onde estamos olhando e avaliando a nossa vida: do avião das ilusões ou do solo da realidade de que estamos reencarnados e em viagem de retorno para o lugar de onde viemos?

Vamos mudar de lugar, ENQUANTO TEMOS TEMPO?

O foguete

> "A raiva é um fator de frequente conflito, que aparece repentinamente, provocando altas descargas de adrenalina na corrente sanguínea, alterando o equilíbrio orgânico e, sobretudo, o emocional."
> – Joanna de Ângelis.

O FILHO COMEMORAVA a vitória de seu time de futebol soltando foguetes. O pai observava à curta distância e resolveu aproveitar a ocasião para uma pequena lição, observando:

— Esses foguetes me lembram o ser humano no momento de raiva.

— Nos momentos de raiva ou de alegria como esse em que nosso time venceu? – respondeu o moço não percebendo onde o pai queria chegar.

— Nos momentos de raiva, meu filho. Veja só. A bomba contida no interior do foguete primeiro explode e depois fere os ouvidos de quem está por perto.

— E daí, pai? O que isso tem a ver com o homem quando está com raiva?

— Fazemos o mesmo quando estamos com raiva. Primeiro explodimos em nós mesmos para depois agredir aquele que nos irrita. Dessa maneira somos prejudicados duas vezes: na hora em que explodimos e no momento em que recebemos o troco da agressão daquele a quem ofendemos. Se quisermos ir mais adiante, podemos considerar que existe um terceiro prejuízo se nos lembrarmos que o mal que fizermos ao próximo, por ele responderemos um dia. Primeiro nos envenenamos com a explosão sofrendo o primeiro prejuízo. Depois recebemos a resposta do agredido que é o segundo prejuízo. Por fim nos endividamos perante a Lei correspondendo ao terceiro prejuízo.

O moço já mais interessado na conversa, observou:

— Quer dizer então, que aquele que pratica o mal se prejudica três vezes?

— Sim, meu rapaz. Três vezes! Para ferirmos a alguém, primeiro nos desequilibramos pela raiva que o outro nos causa. Esse desequilíbrio que gera a agressão descarrega em nosso organismo substâncias nocivas a nossa saúde. É o primeiro prejuízo. Quando o agredido recebe a ação nociva, ele revida, quando, então, sofremos o segundo prejuízo ao recebermos a ação negativa do outro. E o terceiro é o peso da Lei a nos cobrar pelo mal praticado.

— Quer dizer, então...

— Quer dizer, então, meu filho, que seria melhor procedermos como o foguete que não dispara quando acendem o seu pavio. Melhor ainda seria se não tivéssemos esse pavio porque assim não pegaríamos fogo.

— Nossa, pai! Já pensou o que acontece nas pessoas de pavio curto, tão curto que parecem não ter pavio nenhum?!...

• • •

Joanna de Ângelis nos ensina que "toda vez que a raiva é submetida à pressão e não digerida, produz danos no organismo físico e no emocional. No físico, mediante distúrbios do sistema vago-simpático, tais como indigestão, diarreia, acidez, disritmia, inapetência ou glutoneria – como autopunição – etc. No emocional, nervosismo, amargura, ansiedade, depressão...".

Em nosso corpo físico, os momentos de raiva produzem verdadeiras explosões de minas que vão desequilibrando a energia vital que cada um trouxe. Esse consumo da energia vital encurta o tempo da vida orgânica. Se somarmos os momentos de desequilíbrios que vivenciamos em nossa jornada, poderemos constatar que eles foram retirados da cota de tempo que trouxemos para viver. Por isso aprendemos que o ser humano morre na véspera. Destruímos o tempo que deveríamos viver no corpo através dessas descargas negativas sobre a nossa energia vital.

No nosso lado emocional promovemos brechas em nossas defesas permitindo que os Espíritos inferiores nos façam sugestões negativas que nos levam para os próximos desequilíbrios.

O mais triste é que explodimos por coisas pequeninas que promovem estragos consideráveis. Irmão José nos alerta de que "simples tropeção pode levar a grave fratura". Quantas vezes já não nos "quebramos" emocional e fisicamente pelos momentos não controlados de raiva? Quando tudo passa, nos envergonhamos dos atritos que tivemos, da raiva que deixamos invadir nosso ser, por motivos tão insignificantes. Vale a pena encurtar a existência por coisas tão pequenas? Vale a pena diminuirmos nosso tempo aqui na Terra, sabendo que esse tempo é a oportunidade abençoada que pedimos a Deus quando estávamos em situação de sofrimento do outro lado da Vida?

Se você concorda que não, então vamos ao remédio encontrado em *O Evangelho segundo o Espiritismo*, capítulo IX, sob o título *A paciência*: "Sedes pacientes; *a paciência é também uma caridade* e deveis praticar a lei da caridade ensinada pelo Cristo, enviado de Deus. A caridade que consiste na esmola dada aos pobres, é a mais fácil das caridades; mas há uma bem mais penosa e, consequentemente, mais meritória: perdoar àqueles que Deus colocou sobre o nosso caminho para serem os instrumentos dos nossos sofrimentos e colocar a nossa paciência à prova." (Um Espírito Amigo, Havre, 1862).

Se a paciência é também uma forma de caridade, quando a exercemos estamos sendo caridosos com os outros e conosco também. Se a explosão da raiva nos atinge três vezes, utilizando essa forma de caridade neutralizadora dos momentos de fúria que é a paciência, seremos poupados triplamente.

Portanto, não sejamos mais rojões que explodem, ferem e recebem o retorno da explosão. Abaixo a raiva (dizer isso sem raiva)! Sem essa de partir na véspera como o peru abreviando o tempo com os desequilíbrios da raiva. Tudo pela vida mais longa no corpo que é nosso instrumento de trabalho, ENQUANTO TEMOS TEMPO...

24

A lição de Marcela

MARCELA FOI UMA menina que nasceu em Patrocínio Paulista, cidade do interior do Estado de São Paulo, em 20 de novembro de 2006. Essa menina era uma criança anencéfala, ou seja, não tinha uma parte do seu cérebro. A estimativa de vida para Marcela segundo os médicos que a atenderam, era apenas de dois meses. Entretanto, Marcela trazia uma outra mensagem. Ficou encarnada até um ano e oito meses!

Abordamos esse fato porque em nosso país, cresce o movimento pelo direito ao aborto quando a mãe constatar que o filho que está sendo gerado for anencéfalo. A mãe de Marcela teve a devida dose de coragem e respeito pela vida, optando continuar gerando a filha e dela cuidando até o último dia. Muitas outras mulheres, porém, fazem opção pela solução aparentemente mais fácil: o aborto.

Na questão de número 355, de *O Livro dos Espíritos*, Allan Kardec pergunta se existe, como indica a Ciência, crianças que desde o seio materno não são viáveis. Continua perguntando o Codificador qual a utilidade desse fato ocorrer. Os Espíritos respondem textualmente: *Isso ocorre com frequência; Deus o permite como prova, seja para os pais, seja para o Espírito destinado a reencarnar.*

Vemos pela resposta que a ocorrência da má formação na criança que está sendo gerada, não passa sob o desconhecimento da Providência Divina. Pelo contrário, tem uma finalidade que vai além dos interesses materiais imediatistas. São Espíritos que estão sob prova ou trazendo através do seu sofrimento, ensinamentos para os pais. Muitas vezes um Espírito suicida que desencarnou através de algum ferimento que ele se autoimpôs contra o seu crânio, necessita de uma prova dessas para se redimir diante de si mesmo numa futura reencarnação. O aborto anularia a prova e colocaria os seus autores sob pena da responsabilidade diante do tribunal da própria consciência. Outras vezes, são os pais que necessitam de alguma lição ao receberem no afeto do lar um filho nessas circunstâncias. Os apressados dirão que o inocente não pode servir como instrumento de depuração para o culpado. Para nós que nos caracterizamos por um profundo egoísmo, não mesmo. Não nos submeteríamos a uma prova dessas para auxiliar a outras pessoas. Porém, Espíritos existem que já possuem um desprendimento tamanho que os leva a abraçarem o sofrimento para a chamada que os pais necessitam. Que sabemos nós do entrelaçamento de caminhos nas jornadas que já tivemos em busca da perfeição?

Encontramos outra lição na pergunta de número 372 de *O Livro dos Espíritos*, quando Kardec interroga nessa mesma linha de raciocínio que caracteriza a questão anteriormente citada, qual o objetivo da Providência criando seres infelizes como os cretinos e os idiotas? A resposta transcrevemos para evitar qualquer dúvida: "São os Espíritos em punição, habitando corpos de idiotas. Esses Espíritos sofrem pelo constrangimento que experimentam e pela impossibilidade em que se encontram de se manifestarem por meio de órgãos não desenvolvidos ou desarranjados."

Mais uma vez encontramos uma explicação que revela uma finalidade maior que transcende os interesses imediatistas do dia a dia, para esses nascimentos traumáticos à luz da análise materialista, mas que contêm sempre lições que Espíritos necessitados precisam no seu mecanismo de reajuste. Essas reencarnações proporcionam lições que esses Espíritos envolvidos necessitam para o seu crescimento. Elas não ocorrem por engano da Providência e nem às ocultas das Leis maiores.

Que dose estupenda de audácia possuem aqueles que incentivam a prática do aborto em tais condições. Ou será que são merecedores daquela frase que ecoa até hoje na consciência dos homens: *Pai perdoa-os porque eles não sabem o que fazem.* Mas nós espíritas sabemos... E como!

Os defensores do aborto não contam o lado oculto do aborto. Passam a impressão de que tudo está resolvido para a mulher quando o crime acontece na calada do silêncio.

Estudiosos que tiveram a coragem de acompanhar as mulheres que optaram pelo aborto, identificaram em muitas delas sérios problemas emocionais. Muitas desenvolviam insônia; outras passavam a ter necessidade de drogas psicotrópicas para silenciar a própria consciência; outras ainda passavam a ser mães desequilibradas emocionalmente junto aos filhos que possuíam; o índice de depressão e suicídio era consideravelmente maior entre elas. Existem casos até mesmo da mãe sonhar com o produto do aborto, ou seja, com aquele que seria seu futuro filho ou filha. Mas isso os arautos do aborto não revelam, preferem manter em silêncio. Não se pratica o aborto sem violentar a mulher emocionalmente.

Isso sem analisarmos o que o Espírito que iria reencarnar e que vê seu futuro corpo abatido pelo crime do aborto pode fazer. Analisemos três hipóteses: perdoar; provocar a morte da própria mãe ou transformar-se em um ferrenho obsessor!

O perdão em um planeta de provas e expiações como o nosso, você há de concordar, é o caminho menos provável que o Espírito seguirá.

A morte materna nos é descrita por André Luiz em suas obras quando o Espírito cujo futuro corpo está sendo destruído, liga-se profundamente, perispírito a perispírito com aquela que seria a sua futura mãe, podendo levá-la ao desencarne.

E a terceira opção que é um processo obsessivo de longo e difícil curso onde o desencarnado dará muito mais trabalho do que se estivesse entre a prole daquela que o abortou.

Mais algumas reflexões com André Luiz:

"É dessa forma que a mulher e o homem, acumpliciados nas ocorrências do aborto delituoso, mas principalmente a mulher, cujo grau de responsabilidade nas faltas dessa natureza é muito maior, à frente da vida que ela prometeu honrar com nobreza, na maternidade sublime, desajustam as energias psicossomáticas, com mais penetrante desequilíbrio do centro genésico, implantando nos tecidos da própria alma a sementeira de males que frutescerão, mais tarde, em regime de produção a tempo certo." – *Evolução em dois mundos*, cap. XIV, 2.ª parte.

Aceita mais um pouco?

"Isso ocorre não somente porque o remorso se lhes entranhe no ser, à feição de víbora magnética, mas também porque assimilam, inevitavelmente, as vibrações de angústia e desespero e, por vezes, de revolta e vingança dos

Espíritos que a Lei lhes reservara para filhos do próprio sangue, na obra de restauração do destino. – *Evolução em dois mundos*, cap. XIV, 2.ª parte.

No livro *Nos domínios da mediunidade*, cap. 10, André Luiz, relata um caso de uma mulher que, comprometida com os laços sagrados do casamento, faz opção pelo aborto:

" — Você examina o assunto com acertado critério. Nossa amiga, na equipe doméstica, é um enigma para os familiares. Moça de notável procedência, possui belas aquisições culturais, entretanto, sempre se comporta de modo chocante, evidenciando desequilíbrios ocultos. A princípio, compareciam a insatisfação e a melancolia ocasionando crises de nervos e distúrbios circulatórios. Doente, desde a puberdade, em vão opinaram clínicos de renome sobre o caso, até que um cirurgião, crendo-a prejudicada por desarmonias da tireoide, submeteu-a a delicada intervenção, da qual saiu com seus padecimentos inalterados.

Logo após, conheceu o cavalheiro sob nossa observação, que a desposou convencido de que o matrimônio lhe constituiria renovação salutar. Ao invés disso, porém, a situação se lhe agravou. A gravidez cedo se verificou, consoante a planificação de serviço, traçada na Vida Superior. Nossa irmã doente deveria receber o perseguidor nos braços maternos, afagando-lhe a transformação e auxiliando-lhe a aquisição de novo destino, mas, sentindo-lhe a aproximação, recolheu-se a insopitável temor, adiando o trabalho que lhe compete. Impermeável às sugestões da própria alma, provocou o aborto com rebeldia e violência. Essa frustração foi a brecha que favoreceu mais ampla influência do adversário invisível no círculo conjugal. A pobre criatura passou a sofrer multiplicadas crises histéricas, com súbita aversão pelo marido. Principalmente à noite, é colhida, de assalto, por fenômenos de sufocação e de angústia, amargurando o consorte desolado. Médicos foram trazidos, no entanto os hipnóticos foram empregados em vão... Em franca demência, a enferma foi conduzida à casa de saúde, todavia, a insulina e o eletrochoque não lhe solucionaram o problema. Presentemente, atravessa um período de repouso em família, deliberando o esposo experimentar o concurso do Espiritismo". – *Nos domínios da mediunidade, cap. 10.*

Vemos nitidamente, descrito por André Luiz, o caso da jovem que comprometida em receber nos laços da maternidade um Espírito com o qual se desajustara em vidas anteriores e que lhe impunha sofrimentos pelo mecanismo obsessivo, faz a opção pelo aborto recusando receber o inimigo na posição de filho a quem aprenderia amar, reajustando-se diante da própria consciência, perpetuando os sofrimentos advindos desse laço de desamor.

Marcela e sua mãe legaram ao mundo conturbado e imediatista de hoje uma lição digna de ser registrada para constantes meditações. Se o aborto soluciona criminosamente e aparentemente um problema, ele cria uma teia complexa de consequências onde os culpados se debaterão por um longo tempo até que o acerto de contas seja realizado.

Muitas outras lições existem e recomendamos a leitura das obras de André Luiz para um estudo mais profundo e completo.

Retornando à Marcela, a criança anencéfala que sobreviveu um ano e seis meses além do tempo calculado pelos médicos que a assistiam, resta revelar as palavras da médica pediatra que a acompanhou: "A gente pensa que sabe tudo, mas ela ensinou que não se deve fazer pré--diagnóstico. Sou outra pessoa, mais humilde, conformada com minhas limitações".

Diante desses fatos, dessas lições, o espírita não fica com a mínima dúvida de posicionar-se contra o crime do aborto quando o assunto se levanta para discussão na sociedade em que vivemos.

ENQUANTO TEMOS TEMPO, relembremos o ensinamento de Joanna de Ângelis quando atitudes desse tipo ganharem espaço na televisão, em jornais e, especialmente, em nossa consciência:

"O aborto, portanto, mesmo quando aceito e tornado legal nos estatutos humanos fere, violentamente, as leis divinas, continuando crime para quem o pratica ou a ele se permite submeter".

25

Estupro x aborto

A JOVEM DESESPERADA chorava muito nos ombros da amiga espírita, como se quisesse derramar através das suas lágrimas toda a sua dor sobre o mundo.

— Ah! Fernanda, Fernanda... Não sei mais o que faço da minha vida! O que vai ser de mim grávida através desse crime do estupro? O que foi que eu fiz para merecer esse castigo, minha amiga? A sua religião tem alguma coisa para me dizer disso tudo? Na minha mente e no meu coração só encontro uma saída para essa situação: abortar. Não vejo outra saída.

— Márcia, eu posso avaliar a avalanche de desespero que inunda a sua alma, mas uma coisa apenas posso dizer: confie em Deus e no auxílio dos Espíritos amigos.

— Mas o que foi que eu fiz? Não é assim que o Espiritismo explica tudo? Tem que existir uma razão para o sofrimento. Então, que eu fiz para estar passando por isso?! Fui estupradora no passado?

— Márcia, o Espiritismo não ensina que sempre nosso sofrimento de hoje está atrelado à razões do passado, minha amiga. Através da dor, acertamos contas da consciência, mas através da dor também surgem as oportunidades para o crescimento sem que haja vínculo com o ontem de nossa vida. Deus sendo amor, não haveria de perpetuar o ódio em Suas leis. É errônea essa interpretação de que sempre sofremos para quitar o passado de culpas. O sofrimento não vinculado a desequilíbrios anteriores, é o convite para a elevação de hoje.

— Por que o Espiritismo é contra o aborto na minha condição? Não desejava engravidar dessa maneira violenta. Tinha planos para estudar, equilibrar minha vida, e agora... olha a barbaridade que aconteceu comigo.

— Ensina Joanna de Ângelis "que não raro, o Espírito que chega ao dorido regaço materno, através de circunstância tão ingrata, se transforma em floração de bênção sobre a cruz de agonias em que o coração feminil se esfacelou...

A renúncia a si mesmo pela salvação de outra vida concede incomparáveis recursos de redenção para quem se tornou vítima da insidiosa trama do destino..."

— Você está me dizendo que devo amar essa criança que está dentro de mim através da violência? Como amar se ela me lembra o criminoso? Se ela... se ela... é filha desse monstro?

— Márcia, só quero que entenda que nem eu nem ninguém tem o direito de julgá-la. Apenas passo a você os ensinamentos dos Espíritos amigos. Não estou emitindo nenhum julgamento, não me interprete mal, por favor. Se me permitir, gostaria de ler para você uma mensagem do Espírito de Amélia Rodrigues, psicografada por Divaldo P. Franco, na noite de 01/04/1998, no Centro Espírita Caminho da Redenção, em Salvador. Posso? Talvez essa mensagem que fala exatamente da sua situação, lhe traga o rumo que você procura. A mensagem se chama:

"Maternidade abençoada

Ninguém pode imaginar o teu calvário, desde quando foste ultrajada.

Sonhavas com um jardim possuidor de relva macia salpicada de flores, e te arrojaram nos espinhos dilaceradores que se encontravam sob a beleza exterior.

A cena de violência e selvageria permaneceu, menina e moça sucumbiram ante o truculento estuprador que te arrojou nos dédalos da amargura. Não haviam diminuído ainda as excruciantes aflições, quando detectaste que serias mãe.

Um gérmen de vida pulsava no teu ventre, suplicando amparo. No entanto, a recordação do vândalo que te destroçara a alma, de imediato levou-te a novo horror e pensaste destruir o que se originara naquele momento truanesco.

Aturdida e envergonhada, buscaste socorro no desespero que te obliterava a razão, e todos, a quem recorreste, te estimularam ao aborto como solução.

Caminhava a largo passo para a prática do crime hediondo, quando o futuro filhinho te pediu amparo à consciência macerada.

Qual a culpa que lhe imputavas por chegar naquela hora infeliz? – perguntou-te.

Pareceu-te tão frágil e indefeso, que uma onda de ternura te invadiu, luarizando-te os sentimentos convulsionados.

Lentamente o conflito cedeu lugar à esperança, e o deixaste nascer.

O tempo diminuiu o impacto do gravame e o anjinho renascido começa hoje a bordar o teu céu com estrelas de paz e de amor.

Agora tomas o filhinho nos braços e alça-o aos páramos da luz, sorrindo e bendizendo-lhe a chegada.

Ser mãe – não importa como a maternidade se apresenta – é dádiva da Vida para o enriquecimento da vida.

Deus te ampare, irmã querida, pelo sacrifício de amar ante o desafio dos preconceitos humanos e dos teus sofrimentos!

O teu exemplo de mulher violada, mas digna, torna-se alicerce vigoroso, sobre o qual se erguerá o edifício do amor universal, enlaçando todos os seres no mesmo élan.

Ser mãe é abraçar a cruz da sublimação, transformando as suas traves em asas de luz através das quais se logra alcançar as imarcescíveis regiões da plenitude. Tu conseguiste, e jamais te arrependerás por haver-se tornado mãe – o mais nobre título que exorna o coração e a vida da mulher".

• • •

— É, minha amiga! A música é bonita, mas a dança do dia a dia é muito difícil...

— Entendo a sua situação, Márcia. Não creio que esse sofrimento seja fruto do passado, mas um convite do presente para você crescer perante si mesma. Joanna de Ângelis tem uma colocação muito bonita quando afirma: "No que diz respeito à porta libertadora da reencarnação, eleva-te, mediante a concessão da oportunidade dos Espíritos que te buscam, confiando em Deus, o Autor da Criação, mantendo a certeza de que se as aves do céu e as flores do campo recebem carinhoso cuidado, mais valem os homens, não estando, portanto, à mercê do abandono ou da ausência dos socorros divinos."

— Palavras bonitas, Fernanda! Mas um problema real como o meu precisa de soluções reais. Os conselhos espirituais soam aos meus ouvidos nessa hora de desespero como algo muito distante.

— Volto a dizer Márcia, que não tenho nenhum direito de julgar os seus atos. Estou procurando auxiliar com os ensinamentos dos Espíritos Superiores. O problema atual poderá se agravar ainda mais caso você seja enganada a respeito do aborto como solução. Divaldo, comentando o aborto, ensina o seguinte: "Sim, o aborto impede a reencarnação, adiando-a, porque aquele filho que nós expulsamos, pela interrupção no corpo, voltará até nós, quiçá, em um corpo estranho, gerado em um ato de sexualidade irresponsável. Por uma concepção de natureza inditosa, volverá até nós, na condição de deserdado, não raro, como um delinquente. Os filhos que não aceitamos no lar, penetrarão um dia em nossa casa, na roupagem de alguém de conduta antissocial. Será o portador, talvez, de tóxicos para o nosso filho ou para a nossa filha. Aquele que banimos do nosso regaço reaparecerá porque ele não pode ser punido pela nossa leviandade, mas nós seremos justiçados na nossa irreflexão, através das leis soberanas da vida."

— Você está me assustando ainda mais?!

— Não, Márcia. Por favor, não entenda dessa maneira. Estou apenas tentando auxiliar para que você não caia numa dívida muito grande perante a justiça de Deus. Façamos o seguinte: vou orar muito para que os Espíritos amigos possam aconselhá-la durante o sono da noite. Estarei sempre aqui quando você precisar desabafar, mas, por favor, o aborto não traz solução, apenas problemas maiores do que aqueles que enfrentamos no momento de desespero.

Naquela noite, por força de medicação, o corpo físico de Márcia adormeceu profundamente esgotado. Adormeceu e sonhou que estava numa praça muito bonita, com diversos canteiros floridos exibindo os mais variados e exóticos tipos de flores. Ela estava maravilhada com aquela cena deslumbrante. O ar estava impregnado de aromas diversos. Parecia que as flores eram projetadas em quarta dimensão. Bailavam no ar. Os perfumes espreguiçavam-se na brisa sem se confundirem. Beija-flores em bando reverenciavam aquela beleza extasiante. O sol daquela manhã reservava raios especiais para aquele local. Márcia sentia-se imensamente feliz. Passeava daqui para lá sem conseguir definir onde iria se deter porque a beleza variada daquele local tornava impossível a escolha. Tudo era muito belo. Tudo era absolutamente perfeito. De repente, chegou um homem com roupa de jardineiro. Era ele o responsável por toda aquela beleza, pela exuberância das flores nunca vistas. Estranhamente, o jardineiro subiu em um dos canteiros, arrancou brutalmente uma flor e passou bem devagar diante da moça, acabando por atirar a flor recolhida em uma lata de lixo. Voltou o homem de maneira impassível, subiu em outro canteiro e arrancou uma outra espécie de flor. Caminhou lentamente passando por ela novamente e atirou a flor no lixo. Desse modo, ele foi repetindo o gesto invadindo com a sua grosseria toda a beleza que ali existia. Márcia ficou desesperada e num gesto para detê-lo antes que acabasse com a praça, exclamou com energia:

— Pare! O senhor está acabando com toda essa beleza tão rara. Não tem sensibilidade? Não tem sentimentos? Será que não percebe tudo o que de belo a natureza nos oferta nesse local?

O estranho parou e contemplou-a com muito carinho. Sua roupa de jardineiro começou a desaparecer e um manto de luz muito alva lhe recobriu o ser. Com um olhar meigo pleno de ternura e compaixão, o estranho balbuciou na forma de um doce sussurro:

— Da mesma forma, minha filha, não devemos invadir o jardim da vida arrancando dele as flores que são os filhos que a Providência Divina permitiu viver em nossa companhia... ENQUANTO TEMOS TEMPO...

26

Escolhas

GOSTARIA DE REPARTIR com você um interessante teste que encontrei em um livro do escritor argentino, Enrique Mariscal, intitulado *Contos para presentear pessoas sensíveis*. Esse teste põe em evidência como a escolha diante da vida é difícil e pode nos levar a erros profundos. Vamos a ele?

Em qual candidato você votaria? Prepare a sua urna eleitoral:

Candidato A: tem associações com políticos corruptos e o hábito de consultar a astrologia. Já teve duas amantes. Fuma um cigarro atrás do outro e bebe de oito a dez martinis por dia!

Preste bem atenção:

Candidato B: Perdeu o emprego duas vezes, dorme até tarde, usou ópio na faculdade e toma um quarto de garrafa de uísque toda noite!

Muita atenção:

Candidato C: É um herói condecorado de guerra. É vegetariano, não fuma, toma uma cerveja de vez em quando e não tem relações extra-conjugais!

Fácil não é mesmo? Pois então, qual é o seu candidato para podermos avaliar a sua capacidade de escolher?

Candidato C, sem dúvida não é?

Vamos revelar então quem foi o candidato A, o candidato B e o C.

Candidato A (sente-se para não cair): Franklin D. Roosevelt!!!!!!

Candidato B (deite-se para não passar mal): Winston Churchil !!!!!

O primeiro deles, presidente dos Estados Unidos durante a segunda guerra mundial.

O segundo, primeiro Ministro da Inglaterra durante a segunda guerra mundial.

Os dois enfrentaram o domínio da Alemanha que queria dominar o mundo e exterminar os judeus através dos campos de concentração e todas as outras barbaridades que a história registrou.

O terceiro candidato que certamente, foi o seu escolhido, era exatamente o ditador alemão responsável pelas atrocidades conhecidas, nada mais, nada menos do que Adolf Hitler!

Pois é, escolher quando não conhecemos o interior das pessoas ou a profundidade das coisas é muito difícil e conduz a erros como esses.

Ah! Sim, claro, também errei o teste como você, não se sinta sozinho.

A única maneira de não errarmos é optarmos pelo Bem, você não concorda?

Mas o que é o Bem? Como saber conceituá-lo para poder procurá-lo com segurança?

Ensina Joanna de Ângelis que o Bem é tudo quanto contribui para a paz íntima da criatura humana, seu desenvolvimento intelecto-moral, é o Bem que deve cultivar e desenvolver, irradiando-o como bênção que provém de Deus. Ensina Joanna que o Bem transcendental, que o tempo não altera, as situações políticas não modificam, as circunstâncias não confundem, é aquele que está inscrito na consciência de todos os seres pensantes que, *não obstante, muitas vezes, anestesiam-no,* permanece e se impõe oportunamente, convidando o infrator, ao refazimento da ação.

Se você acha que a explicação está meio complicada, relembremos o professor Allan Kardec em *O Livro dos Espíritos.* Questão 630: "Como se pode distinguir o bem e o mal?" E os Espíritos Superiores esclarecem: "O bem é tudo aquilo que está conforme a lei de Deus, e o mal tudo aquilo que dela se afasta. Assim, fazer o bem é se conformar com a lei de Deus, e fazer o mal é infringir essa lei."

Mas você poderá ainda estar em dúvida porque afinal somos tão imperfeitos que os nossos conceitos, os nossos juízos das coisas podem estar enganados, não é mesmo?

Por isso mesmo, para que não ficássemos desamparados, Kardec indaga na questão de número 631: "O homem, por si mesmo, tem os meios para distinguir o que é bem e o que é mal?" Respondem os Espíritos: "Sim, quando ele crê em Deus e o quer saber. Deus deu-lhe a inteligência para discernir um do outro."

Mas, mesmo bem intencionados, podemos cometer erros e como não queremos errar (não é mesmo?), Kardec desfecha mais uma pergunta para nos ajudar, a de número 632: "O homem que está sujeito a erros, não pode se enganar na apreciação do bem e do mal, e crer que faz o bem quando, na realidade, faz o mal?" Novamente a orientação segura nos esclarece: "Jesus vos disse: vede o que quereríeis que se fizesse ou não se fizesse para vós: tudo está nisso. Não vos enganareis."

Não ficou fácil agora escolhermos de forma segura o Bem? Vamos tentar um outro teste?

Candidato A: é espírita, não perde nenhuma palestra mensal, recebe religiosamente o passe, ingere água fluidificada, mas, aos domingos, por preguiça de levantar cedo, não leva os filhinhos pequenos que a Providência Divina lhes confiou, às aulas de Evangelização infantil.

Candidato B: pertence a uma outra religião, é capaz de citar todos os capítulos e versículos da Bíblia, comparece a todos os atos de fé pública que a sua religião estabelece, abraça os irmãos de fé no templo religioso, mas, lá fora da sua casa religiosa, não é capaz de renunciar, de tolerar, de compreender, tornando-se uma pessoa violenta, de pavio curto, explodindo dentro do lar junto à esposa e filhos.

Candidato C: trabalha muito para ganhar o pão de cada dia de maneira honesta, por isso não tem muito tempo de frequentar a religião que os pais lhe legaram. Nas refeições agradece a Deus o alimento sobre a mesa, conversa sobre a vida transmitindo esperanças e força de caráter dentro de casa. Ao levantar-se e quando se dirige ao leito, faz sua oração sincera agradecendo pelo dia com seus problemas e realizações conseguidas.

Qual é o seu candidato? Fácil, não é? Pois então, quando escolhemos aquilo que está de acordo com as Leis de Deus, jamais erraremos. E quando a dúvida nos visita, para acertar, empregamos o raciocínio de Jesus de fazer ao próximo aquilo que gostaríamos que ele nos fizesse.

Agora que você sabe identificar o Bem, leia essas palavras de Madre Teresa de Calcutá:

"As pessoas são irracionais, inconsequentes e egoístas. Ame-as assim mesmo.

Se você fizer o bem, será acusado de ter obscuros motivos mesquinhos. Faça o bem assim mesmo.

O bem que se faz hoje será esquecido amanhã. Faça o bem assim mesmo.

A sinceridade e a franqueza o tornam vulnerável. Seja sincero e franco assim mesmo.

Aquilo que você demorou anos para construir pode ser destruído em uma noite. Construa assim mesmo.

Dê ao mundo o melhor que você tem e baterão em você apesar disso. Dê ao mundo o melhor que você tem assim mesmo.

É melhor uma simples pérola do que um bom estojo, um sorriso em pessoa do que uma boa foto.

É preciso saber escolher. Escolher com sensibilidade."

É preciso saber escolher, ENQUANTO TEMOS TEMPO...

27

Kardec e Chico Xavier ou Kardec é Chico Xavier?

COMECEI A LEITURA das obras básicas da Doutrina Espírita e as demais obras complementares, a partir de 1972. Continuo lendo até hoje. Digo lendo, porque o estudo pressupõe metodização, sitematização, programação, tempo e tudo o mais que o termo possa exigir. Como não tenho nada disso, leio. Dessa minha leitura entendi plenamente que aceitar a reencarnação é conciliar a Justiça Divina com a Sua Misericórdia. Se excluirmos a reencarnação, todas as desigualdades que a Vida se nos apresenta, todas as aparentes ou temporárias injustiças, acabariam por invalidar a existência de Deus. Muitas pessoas foram levadas ao materialismo porque não conheceram, em tempo, toda a perfeição que a reencarnação nos revela. Portanto, o espírita é reencarnacionista. O estranho é que, quando se comenta alguma reencarnação de um Espírito de escol, o meio espírita entra em agitação. Afinal, se a reencarnação para nós espíritas é uma realidade, por que o espanto?

Esse pequeno preâmbulo foi necessário para abordarmos o assunto do tópico: Kardec e Chico Xavier, ou Kardec é Chico Xavier?

Embora nada signifique, vou antecipar a minha opinião para não ficar, como se diz, em cima do muro.

Para mim, embora, volto a frisar, minha opinião nada signifique, pouco importa se Chico foi ou não a reencarnação de Kardec. A obra missionária do homem-Amor em nada fica abalada caso ele não tenha sido a reencarnação do Codificador.

Se for, ninguém com mais justiça existiu no meio espírita para representar com dignidade o Professor Rivail.

Se avançarmos além desse raciocínio corremos o risco de cair no território da vaidade. Corremos o risco de provocar melindres, o que não seria do agrado do Chico. Em que a obra de Chico Xavier seria acrescida ou diminuída com a afirmação ou a negativa dessa tese? Creio que para a nossa faixa evolutiva, Chico foi absolutamente completo.

Aliás, do excelente livro do Meretíssimo Juiz de Direito Dr. José Carlos de Lucca, *Vale a pena amar*, da Petit Editora, na página *Entrevista no Além*, o autor nos descreve um encontro dele com o homem-Amor, ocorrendo, então, uma entrevista em que, Dr. José Carlos, entre outras perguntas, aborda o assunto de Chico ter sido a reencarnação de Allan Kardec.

Vejamos o trecho que interessa ao assunto:

" — Mas andam dizendo que você é a reencarnação de Kardec...

— Isso não importa.

— Mas os espíritas andam discutindo muito sobre esse assunto.

— Que pena, estão perdendo tempo, tempo que poderia ser aproveitado na caridade, inclusive na caridade de uns para com os outros. Cada um tem o direito de pensar o que deseja, mas me entristeço quando vejo a minha pobre e insignificante figura sendo motivo de querelas entre os companheiros de fé que tanto amo. Pense o que quiserem de mim, mas, por favor, não briguem por minha causa, não façam muros pelo meu nome, não me isolem em grupos antagônicos, porque, em síntese, o que continuo cada vez mais me sentindo é um capim, e capim não tem passado nem futuro, apenas a alegria de ser útil a Deus, como capim que é."

Confesso que nessa *Entrevista no Além*, encontrei o Chico dos livros que li até hoje. Essa atitude de Chico Xavier foi que me levou a crer que realmente esse encontro espiritual ocorreu. Leiam essa página no livro mencionado, raciocinem, analisem, comparem e sentirão o que estou querendo dizer.

Mas de onde teria sido originada essa tese de que Chico foi a reencarnação de Kardec?

Em *Obras Póstumas*, o Guia Protetor do Professor Rivail que se autodenominava *Verdade*, incentivando a magnânima obra que o Codificador abraçava, assim se expressou em uma de suas comunicações: "Prossegue em teu caminho sem temor; ele está juncado de espinhos, mas eu te afirmo que terás grandes satisfações, antes de voltares junto de nós *por um pouco*."

Kardec, diante dessa expressão "um pouco", pergunta:

— Que queres dizer por essas palavras "por um pouco"?

Ao que o Guia Protetor responde a Kardec:

— "Não permanecerás longo tempo entre nós. Terás que volver à Terra para concluir a tua missão, que não podes terminar nesta existência. Se fosse possível, absolutamente não sairias daí; mas, é preciso que se cumpra a lei da Natureza. Ausentar-te-ás por alguns anos e, quando voltares, será em condições que te permitam trabalhar desde cedo. Entretanto, há trabalhos que convém os acabe antes de partires; por isso, dar-te-emos o tempo que for necessário a concluí-los".

Na dimensão dos Espíritos desencarnados cuja referência de tempo é a eternidade, o que significaria "por um pouco"?

Kardec desencarnou em 1869 e Chico reencarnou em 1910. Esse prazo de aproximadamente 40 anos, perante a eternidade representaria esse "por um pouco"? Que sabemos nós da dimensão espiritual para afirmarmos que sim ou que não?

Sobre esse acontecimento, assim se pronuncia o Codificador no livro *Obras Póstumas*, no capítulo intitulado *Minha volta*: "Calculando aproximadamente a duração dos trabalhos que ainda tenho de fazer e levando em conta o tempo de minha ausência e os anos da infância e da juventude, até a idade em que um homem pode desempenhar no mundo um papel, a minha volta deverá ser forçosamente no fim deste século ou no princípio do outro."

Por outro lado, temos notícias fidedignas de que Allan Kardec comunicou-se várias vezes depois que Chico já estava reencarnado.

Sim, sabemos que um Espírito encarnado pode se comunicar, não há dúvidas porque *O Livro dos Médiuns* nos afirma isso. Entretanto, a condição para que isso ocorra, conforme nos ensina o próprio Allan Kardec, é a de que o Espírito comunicante não esteja sendo necessário à atividade inteligente do corpo que ocupa no momento da comunicação. Ou seja, o Espírito tem que estar num estado de desligamento parcial naquela reencarnação para conseguir comunicar-se ainda encarnado. Em consequência disso, teríamos que descobrir se durante as comunicações de Kardec, com o Chico já encarnado, o homem-amor estava nas condições que a comunicação de encarnados exige, ou seja, se Chico era Kardec reencarnado e o Codificador deu comunicações após o ano de 1910, precisamos descobrir se Chico estava em tal estado de desligamento que permitisse que seu Espírito desse comunicação assumindo a personalidade de Kardec.

Não é muito complicado o assunto? Valeria a pena levantar muros em nome do Chico, criar grupos antagônicos, como ele próprio se refere na entrevista contada pelo Dr. José Carlos em seu livro *Vale a pena amar*?

E, volto a insistir na pergunta, em que isso modificaria a imensa obra de Chico Xavier?!

Não será melhor, ENQUANTO TEMOS TEMPO, procurar vivenciar uma linha que seja dos ensinamentos de Allan Kardec e de Chico Xavier, sejam eles ou não o mesmo Espírito em vidas missionárias diferentes?...

N. E. – A Editora EME publicou o livro *Chico você é Kardec?* do jornalista Wilson Garcia, no qual mostra nas próprias palavras de Chico Xavier a não admissão de ser Kardec, conforme entrevista em vida a Herculano Pires.

28

A reencarnação de Emmanuel

CHICO XAVIER CONFIDENCIOU algumas vezes as pessoas de sua intimidade, o retorno a uma nova existência material do Espírito Emmanuel no início do século XXI, ocasião em que seria filho do casal D. Laura e Sr. Ricardo, personagens do livro *Nosso Lar* de André Luiz, psicografado pelo próprio Chico. Nos capítulos 17 ao 21, você poderá recordar da figura de D. Laura, mãe de Lísias. Emmanuel voltaria como professor e reencarnaria no interior do Estado de São Paulo.

Também existiram manifestações públicas sobre esse assunto. Vamos enumerar três delas.

No livro *Entrevistas*, do IDE, na questão de n.º 61, em sua 9.ª edição, Chico afirma o seguinte: "Entretanto, pelas palavras dele (Emmanuel), admitimos que ele estará regressando ao nosso meio de espíritos encarnados, no fim do presente século (XX), provavelmente, na sua última década".

No livro *A terra e o semeador*, 8.ª edição do IDE, na pergunta 33, quando indagado sobre Emmanuel e a nova reencarnação do seu mentor, Chico afirma: "Isso tem sido objeto de conversações entre ele e nós. Ele costuma dizer que nos espera no Além, para, em seguida, retornar à vida física, e até costuma me dizer:

— Quando eu estiver na vida física e vocês estiverem fora do corpo físico, vocês vão ver como é difícil entrarmos em comunicação com vocês e como é difícil orientar os companheiros para o bem".

Como sabemos, Chico desencarnou em 2002, Emmanuel só teria reencarnado após esse ano? Como também sabemos, Chico vivia recebendo moratórias do seu tempo aqui na Terra devido a grandiosidade de seu trabalho como homem-Amor. Numa dessas extensões da sua permanência aqui no corpo, Emmanuel poderia ter reencarnado antes da partida do seu pupilo.

Já no livro *Lições de sabedoria*, Editora Fé, edição de 1996, página 161, perguntado sobre a próxima reencarnação de Emmanuel, assim se pronuncia Chico: "Ele diz que virá novamente e dentro de pouco tempo para trabalhar como professor".

Sobre os anúncios da reencarnação do mentor de Chico feitos em caráter particular, nos valemos das informações do confrade Geraldo Lemos Neto, na revista *Delfos*, edição de n.º 31, Editora Boa Nova.

A mais incisiva e robusta foi a relatada pela senhora Sônia Barsante, residente na cidade mineira de Uberaba e frequentadora do Grupo Espírita da Prece de Chico Xavier, em que essa confreira, digna de total confiança, relata que em determinado dia do ano de 2000, Chico ausentou-se espiritualmente por alguns momentos da realidade presente. Ao retornar anunciou com alegria que fora em desdobramento espiritual até uma cidade do Estado de São Paulo para visitar um bebê que seria o Espírito Emmanuel reencarnado. Creio que prova mais decisiva do que essa, impossível.

Confirmando essa informação, relata o confrade Geraldo, que Chico confidenciou à Sra. Suzana Maia Mousinho, presidente e fundadora do Lar Espírita André Luiz, em Petrópolis, Rio de Janeiro, amiga do médium desde o ano de 1957, que havia presenciado o retorno à vida física de seu benfeitor no ano de 2000.

Do exposto, retornamos à afirmativa de que, sendo os espíritas reencarnacionistas, esse fato deve ser entendido como um acontecimento absolutamente natural. Emmanuel retorna, para o nosso bem, para mais uma vida missionária nesse planeta de provas e expiações. A volta desse Espírito é mais um ato da Misericórdia Divina para conosco e um ato de amor do próprio Emmanuel para com todos nós, como foram a de todos aqueles que deixaram a luz dos seus ensinamentos e exemplos de vida registrados para sempre na história da Humanidade.

Uma outra informação bastante interessante revelada pelo confrade Geraldo na mesma revista citada anteriormente, é a de que Emmanuel, a partir do final do ano de 1996, ascendera aos planos mais altos da vida espiritual para se preparar para a sua própria reencarnação. Ressaltamos que essa informação foi revelada a uma amiga particular pelo próprio Chico. Deve ser muito difícil para os Espíritos superiores, acostumados às vibrações elevadas dos planos maiores, mergulhar na psicosfera densa do planeta Terra. É realmente uma tarefa de sacrifícios muito grandes que somente os que possuem o Amor desenvolvido em alto grau suportam realizar. Imaginemos então, o que deve ter sofrido Jesus!

Gostaríamos de relembrar que nossas contas não batem com os cálculos do mundo dos Espíritos porque a referência deles é a eternidade, como já destacamos. Essa informação do preparo de Emmanuel desde 1996, é mais um dado que fala a favor da reencarnação do nobre Mentor no ano 2000 como noticiou Chico após alguns minutos de desdobramento espiritual.

Vamos torcer e nos comportar para que a identificação de Emmanuel reencarnado, se e quando ela acontecer, possa ser motivo de mais união e alegria construtiva entre os espíritas e não motivo para desentendimentos e ocasião de ferir suscetibilidades.

Relembremos, ENQUANTO TEMOS TEMPO, as palavras do Chico constantes da página do livro *Vale a pena amar,* mencionada anteriormente: "... não briguem por minha causa, não façam muros pelo meu nome, não me isolem em grupos antagônicos..."

Alguém duvida que essas também seriam as palavras do próprio Emmanuel?

29

A empregada

"Cristãos responsáveis, urge saibamos abraçar a
renovação a que somos intimados pela mensagem
do Evangelho Redivivo, francamente dispostos a
largar o comodismo de tudo endereçar para o Céu,
aprendendo a entregar para Deus a consciência do
dever bem cumprido e o serviço pronto."
– André Luiz (Sol nas almas).

A SENHORA COM todos os referenciais apresentou-se para o emprego. Salário justo para as horas acertadas perante as leis trabalhistas. Obrigações, deveres e direitos definidos, a empregada iniciou a prestação do serviço.

Um ano após, a senhora que prestava serviços começou a tomar as seguintes atitudes:

"Hoje não sei o que fazer de almoço, mas vou entregar o problema para minha patroa."

"Não tenho nenhuma ideia sobre o jantar, mas deixarei por conta da minha patroa."

"Não sei como limpar esse banheiro direito, mas entregarei a solução aos encargos da patroa."

"Essa roupa não sei como lavar direito, mas deixarei a solução para a minha patroa."

"Não estou conseguindo limpar essa casa direito, mas deixarei por conta da minha patroa."

"Não sei como passar a roupa de maneira melhor, entrego o problema para a minha patroa."

Não sei isso, não sei aquilo, não tenho nenhuma ideia sobre isso, não disponho de nenhuma solução para aquilo, e assim foi a senhora que trabalhava naquela casa se desgastando perante os patrões.

Se fosse na sua residência, o que você teria feito? Assumiria tudo aquilo que a empregada contratada e remunerada adequadamente deixasse de fazer?

Creio que não, evidentemente. Tudo tem limites, não é mesmo? O patrão tem que respeitar os direitos e o empregado cumprir os deveres. O final da história foi a dispensa da empregada que deixara de cumprir com o combinado pelo salário que recebia.

Vamos ver uma outra situação que talvez lembre algo a você.

Já ouviu alguma dessas frases?

"Não sei mais o que fazer com esse filho, vou entregá-lo nas mãos de Deus!"

"Não sei mais o que fazer com essa mulher que escolhi para esposa. Vou entregá-la nas mãos de Deus!"

"Não aguento mais esse emprego. Vou abandoná-lo e seja o que Deus quiser!"

"Não tolero mais esse marido. Vou deixá-lo e entregar o que acontecer nas mãos de Deus!"

"Não tenho o dinheiro necessário para comprar o carro novo, mas vou fazer um empréstimo e seja o que Deus quiser!"

"Já tentei de tudo para resolver esse problema, daqui para frente é por conta de Deus!"

Atentemos para o que nos ensina André Luiz no livro *Sol nas almas*, 14.ª edição da CEC, na página *Entregar para Deus*:

"Comum ouvir-se, aqui e além, pessoas de convicção religiosa declarando-se decididas a transferir para Deus as responsabilidades que lhes concernem.

Receando sacrifícios e alérgicas a problemas, desertam da obrigação e asseveram que Deus lhes tomará o lugar."

Ou seja, vivemos tentando transferir para Deus as soluções de problemas que trouxemos, quando reencarnamos, para resolver. O que seria do aluno que transferisse as suas lições para o professor resolver?

Os obstáculos, as dificuldades, são lições que aceitamos antes da reencarnação. O marido complicado, a esposa problemática, os filhos que nos dão dores de cabeça, nossa profissão, estado de saúde, são exercícios que muitas vezes solicitamos da Providência Divina antes de mergulharmos em uma nova reencarnação. Quando estávamos do outro lado, com a consciência a nos cobrar pelos erros cometidos, pelos deslizes praticados, ficamos alegres com novas oportunidades de acertar ao invés de sermos condenados por toda a eternidade.

Quando chegamos aqui na existência material e os obstáculos se nos apresentam como exercício da alma, queremos devolvê-los a Deus!

Seus filhos são Espíritos reencarnados perante a sua responsabilidade para que sejam reorientados para a boa direção. É um compromisso que você assumiu. Como então, entregá-los nas mãos de Deus?! Foram entregues a você com uma grande dose de responsabilidade. Irá responder por ela.

Da mesma forma os demais acontecimentos em que

você esteja envolvido para o seu crescimento espiritual, na proporção em que soluciona as dificuldades apresentadas ao seu livre-arbítrio.

Você já viu alguém dizer que vai entregar para Deus a fazenda?

Você já escutou alguém dizer que vai enviar para Deus o dinheiro farto que recheia a conta bancária?

Alguém, por uma única vez, cedeu para o Criador o bilhete premiado da loteria?

Quantos que abrem mão do poder transitório do mundo em nome de Deus para servir na humildade ao Pai?

Mas na hora em que o abacaxi que plantamos em nossa horta nasce e cresce, queremos entregar nas mãos de Deus!

André Luiz na mesma página citada anteriormente ensina que "A Doutrina Espírita chega ao mundo para erradicar-nos da alma semelhantes ilusões, explicando-nos que a Sabedoria Maior nos concede os ingredientes da vida, em regime de empréstimo, para a execução da tarefa necessária à felicidade e ao aperfeiçoamento de nós mesmos".

Pois é! O espírita não tem o direito sequer de pensar em entregar para Deus aquilo que pertence a ele mesmo: as dificuldades, os obstáculos, os exercícios de crescimento moral. São nossos e não da Providência.

Se a dose foi pouca, leia mais essa do Benfeitor citado: "Nós que nos referimos a Jesus, a cada passo da crença, não poderemos esquecer que ele, o Mestre, não relegou para Deus o áspero ofício de esclarecer-nos, o que fez por si mesmo, à custa da própria dilaceração".

Jesus não entregou nas mãos de Deus o esclarecimento que a Humanidade necessitava sobre as verdades da Vida.

À custa de um sacrifício imenso para mergulhar na psicosfera desse nosso planeta tomou sobre si a tarefa. No Monte das Oliveiras, momentos antes de ser preso orou a Deus que passasse dele o cálice de amarguras que se avizinhava. No entanto, encerra a sua súplica pedindo que fosse feita a vontade do Pai e não a dele. Não entregou nas mãos de Deus a tarefa que aceitara realizar. Consumou o sacrifício até o alto da cruz onde teve ainda grandeza de alma suficiente para suplicar o perdão para todos nós que não sabíamos o que fazíamos.

Depois desse gesto grandioso que marcou o tempo em antes dele e depois de sua vinda, só nos resta, ENQUANTO TEMOS TEMPO, procurar solucionar os problemas que solicitamos antes de reencarnar para que não tenhamos que retornar em uma nova colheita de dificuldades, acrescida pelos compromissos que tentamos, em vão, entregar para Deus.

A empregada da história foi demitida do emprego, mas nós não seremos nunca demitidos da Vida e da responsabilidade assumida perante a própria consciência.

30
Os inimigos

O amor ao próximo é consequência daquele que se dedica ao Genitor, demonstrando a fraternidade que a todos deve unir, por Lhe serem filhos diletos que marcham de retorno ao Seu seio.
– Joanna de Ângelis.

NÃO PODERIA ENCERRAR de maneira melhor esse livro singelo a não ser contando uma história relatada por Divaldo Pereira Franco em uma das suas deslumbrantes palestras. Vamos, então, a ela.

Dois descendentes de Abraão eram duas figuras humanas exemplares. Pais dedicados, maridos carinhosos, homens trabalhadores, fiés à Jeová e tudo o mais que se possa imaginar. Entretanto, esses dois hebreus tinham um estabelecimento comercial, um diante do outro, o que transformou-os em ferrenhos inimigos. Quando alguém entrava em uma das lojas o outro blasfemava, protestava junto a Jeová porque a sua loja havia sido preterida em relação à do concorrente. Quando a situação se invertia, o dono da loja não visitada por sua vez reclamava profundamente junto a Yavé do porquê o outro haver recebido o comprador e não ele. Com o tempo Jeová resolveu pôr um fim àquela situação em que dois irmãos, criados pelo mesmo Deus, se hostilizavam tanto maculando a imagem de duas pessoas íntegras como eram. Decidido isso, Jeová enviou o seu mais belo anjo que seria o embaixador do Altíssimo diante dos dois contendores. O anjo avaliou o coração dos dois hebreus e resolveu conversar com aquele que mostrava uma chance maior de entender a mensagem de Jeová. Aproximou-se dele e disse:

— Meu filho, venho em nome do Todo-Poderoso propor-lhe que cessem os desentendimentos entre vocês dois que são filhos d'Ele. Para isso, estou autorizado a oferecer-lhe o que você quiser. Peça o que desejar e será atendido.

O hebreu visitado olhou meio desconfiado e perguntou:

— Posso pedir o que quiser?!

— Pode. – respondeu o anjo – Estou autorizado por Ele a atender qualquer pedido em troca da reconciliação entre vocês dois.

— Então eu quero... cem mil dólares!

— Ora, meu amigo, peça mais! – disse o anjo – Afinal você está pedindo para Jeová! O que são para Ele cem mil dólares?

— Posso pedir mais?!

— Pode! É para Jeová que tudo pode que você está pedindo.

— Então eu quero um milhão de dólares!

— E não deseja mais nada? – insistiu o anjo.

— Posso pedir mais?!

— Pode. Estou autorizado por Ele para conceder o que você desejar. Peça.

— Então eu quero uma mansão, das mais belas que a Terra já teve notícias.

— Mas só uma mansão? Peça mais. Lembre-se: está pedindo para Jeová!

— Quero então dez mansões!

— Isso! E nada mais? – tornou a perguntar o anjo.

— Quero também – disse o hebreu entusiasmado pelo Embaixador celeste – um carro do último tipo.

— Mas um só?!

— Quero dez carros do último tipo.

— Muito bem. Será atendido de maneira plena. Tudo lhe será concedido.

Entretanto, o hebreu achando que a oferta era demais, perguntou ao Embaixador de Jeová:

— Mas qual a condição para tanta bondade além da reconciliação com o meu adversário?

— Bem – disse o anjo – tudo o que você pedir será dado em dobro para o teu irmão.

— Então, – disse o homem irado – não quero nada! Se for para o outro ter tudo em dobro, não quero nada! Não quero que ele receba dois milhões de dólares, vinte mansões e vinte carros. Não quero. Abro mão de tudo.

— Está bem disse o anjo entristecido. Só me resta então partir e comunicar ao Altíssimo a sua decisão. Fique em paz meu filho.

Mal o anjo havia caminhado ou volitado alguns metros, o hebreu chamou-o de volta:

— Arrependeu-se, meu filho? Vai confirmar o seu pedido junto a Jeová?

— O senhor me garante que tudo o que eu pedir Jeová dará em dobro para o meu rival?

— Sim. Já disse que estou autorizado a realizar essa negociação. Tudo o que você pedir será dado em dobro ao teu irmão.

— O senhor tem certeza disso?

— Fique tranquilo. Sou o anjo maior de Jeová e estou afirmando que tudo o que você pedir será dado em dobro ao teu irmão.

— Então, eu quero ficar cego de um olho...

É evidente que essa história contada por Divaldo com todo o poder de sua oratória fica hilariante apesar de conter uma realidade muito triste, uma realidade de nossos dias aqui na Terra: a falta de amor ao próximo!

Meu amigo, minha amiga, nessa época em que a sociedade se espanta com tantos crimes, a ausência do amor ao semelhante está no comando desses acontecimentos. Estupros contra crianças pequenas; abandono de recém--nascidos à sua própria sorte por jovens em desespero; mortes de jovens saudáveis pelas drogas; assassinato de pai e mãe pelos próprios filhos; corrupções nos mais diferentes níveis; impunidade perante as leis dos homens; sequestros que levam desespero aos familiares e marcam indelevelmente as vítimas para o resto de suas vidas; campanhas para a legalização do aborto em sociedades que se dizem cristãs; pena de morte para aquele que matou (?!); pessoas que se levantam defendendo a tese da inexistência de uma Inteligência suprema capaz de explicar tudo aquilo que a pequenez humana não consegue; guerras; mortes pela fome; vidas em condições sub-humanas; brutalidade para com animais que são também criaturas de Deus; desrespeito para com as florestas e rios necessários à nossa própria sobrevivência; poluição da atmosfera que nos garante a vida e todas as muitas outras condições que cada imaginação possa levantar como testemunha da ausência do amor em muitos corações da atualidade terrestre.

Ensina Joanna de Ângelis no livro *Jesus e o Evangelho: à*

luz da psicologia profunda, editora LEAL, psicografia de Divaldo o seguinte: "O amor ao próximo recomendado pode ser definido como companheirismo, solidariedade no sofrimento e na alegria, amizade nas situações embaraçosas, capacidade de desculpar sempre, produzindo uma vinculação afetiva, que suporte os atritos e os conflitos típicos de cada qual. Pelo seu significado profundo, é um amor diferenciado daquele que deve ser oferecido ao inimigo, a quem se fez ofensor, projetando sua imagem controvertida e detestada por si mesmo, naquele que se lhe torna vítima. Amar a esse antagonista é não lhe retribuir a ofensa, não o detestar, não o conduzir no pensamento, conseguir libertar-se das suas diatribe e agressividade."

Em vão busca o homem outra saída, outro caminho diferente daquele que nos foi apontado por Jesus: o caminho do Amor. O homem não ama sequer a si próprio. Ou será que amar a si mesmo é ajuntar dinheiro nos bancos, amealhar propriedades urbanas e rurais, títulos de importância perante a sociedade, poder de mando exercido com injustiça, corromper-se para obter vantagens desonestas, fugir às leis dos homens? Tudo isso, conforme nos ensinam e alertam os Espíritos Superiores, são poderosas algemas a nos deter aos tesouros materiais depois do nosso inevitável desencarne. Tudo isso são correntes que irão certamente nos aprisionar à psicosfera do mundo após a morte do corpo quando anelaremos por regiões de paz e refrigério sem ter condições de adentrá-las. Quem assim procede não ama a si mesmo. Essa ausência do amor por si próprio se estende, por consequência, à ausência do amor ao semelhante abrindo as portas para que todos os crimes que nos chocam continuem a ocorrer até o dia em que, emaranhados nos espinheiros de dor que construímos, resolvermos voltarmo-nos para Jesus, o Mestre incomparável que traçou o caminho seguro que nos levará ao Pai onde encontraremos o refrigério para nossas almas sedentas de paz e de Amor.

Se esse livro singelo contribuir para que alguém dê um passo que seja em direção ao Senhor da Vida, ele terá valido a pena. ENQUANTO TEMOS TEMPO, abraçamos fraternalmente a todos aqueles que deram a sua atenção e a sua paciência às linhas que aqui ficaram traçadas por mérito exclusivo dos pacientes Espíritos amigos que, através da intuição, nos inspiraram.

Muita paz, muito amor a si mesmo para que possamos amar ao próximo e a Deus como recomendava-nos Jesus.

Bibliografia

BACCELLI, Carlos A. Irmão José (espírito). *De ânimo firme*. 1ª ed. Votuporanga-SP, Didier.

_____. *Lições da vida*. 1ª ed. Votuporanga-SP, Didier.

FRANCO, Divaldo Pereira. Joanna de Ângelis (espírito). *Após a tempestade*. 3ª ed. Salvador-BA, LEAL.

_____. *Desperte e seja feliz*. 10ª ed. Salvador-BA, LEAL.

_____. *Elucidações psicológicas à luz do espiritismo*. 2ª ed. Salvador-BA, LEAL.

_____. *Estudos Espíritas*. 7ª ed. Rio de Janeiro-RJ, FEB.

_____. *Jesus e o Evangelho à luz da psicologia profunda*. s.ed. Salvador-BA, LEAL.

_____. *O despertar do espírito*. 7ª ed. Salvador-BA, LEAL.

_____. *Plenitude*. 9ª ed. Salvador-BA, LEAL.

_____. *Vida: desafios e soluções*. 5ª ed. Salvador-BA, LEAL.

KARDEC, Allan. *O Evangelho segundo o Espiritismo*. 333ª ed. Araras-SP, IDE.

_____. *O Livro dos Espíritos*. 167ª ed. Araras-SP, IDE.

NOBRE, Marlene R. S. *Lições de sabedoria*. São Paulo-SP, Editora Fé.

O IMORTAL (Jornal de Divulgação Espírita). Ed. 655. Cambé-PR, C.E. Allan Kardec.

OLIVEIRA, Weimar Muniz de. *A volta de Allan Kardec*. s.ed. Goiânia-GO, FEEGO.

UNIVERSO ESPÍRITA (Revista). Ed. 57. São Paulo-SP, Editora Universo Espírita.

VIEIRA, Waldo. André Luiz (espírito). *Sol nas almas*. 14ª ed. Uberaba-MG, CEC.

XAVIER, Francisco Cândido. André Luiz (espírito). *Agenda cristã*. 1ª ed., reimp. Rio de Janeiro-RJ, FEB.

_____. *Endereços de paz*. 3ª ed. São Paulo-SP, CEU.

_____. *Respostas da vida*. 9ª edição. São Paulo-SP, IDEAL.

_____. *Sinal verde*. 1ª ed. São Paulo-SP, Petit.

XAVIER, Francisco Cândido. Emmanuel (espírito). *A terra e o semeador*. 8ª ed. Araras-SP, IDE.

_____. *Entrevistas*. 9ª ed. Araras-SP, IDE.